Ninna Kiel Nielsen

Ryd Dig Op

© Ninna Kiel Nielsen 2013

Layout og coverdesign:
Stefan Kiel Nielsen

Først udgivet August 2014

ISBN-13: 978-87-996611-0-7
ISBN-10: 87-996611-0-1

Forlag:
Amuse A Muse

Ninna Kiel Nielsen asserts her moral right
to be identified as the author of this book

Indhold

Tak til 7
Indledning. 9
Må jeg præsentere mig 11
Min historie 15
Et barndomsminde 27
Nok om mig – nu er det dig!. . . . 31
Livsstadierne. 35
Samlere er forskellige folkeslag . . . 51
Hvad er ophobning? 55
Minder 61
Gør det selv 67
Det ER svært at rydde op. 73
Gode råd til rummene i huset . . . 87
Tre metoder 105
Klar, parat... 109
Start! 111
Vedligeholdelse efter oprydning . . 117
En case story 121
Efterspil 133
Så langt – så godt 137
Økonomi 139
Budgetskema 151
Vedligeholdelse af økonomi 153
Afslutning 155
50 gode råd 161

Ryd dig op

Tak til...

En stor tak til min søde og sjove søn, der med sin skæve humor har støttet, kritiseret, puffet, skubbet og maset med mig gennem denne proces. Du er en fremragende sparringpartner.

Ryd op i dine ting og din **økonomi** så du kan få **ro** i dit **hoved**

til at gøre de ting, som du har lyst til og nå de mål, du sætter dig for

 Ryd dig op

Må jeg præsentere mig

Jeg er ikke coach, men jeg har skrevet denne bog, fordi jeg har været gennem en proces, som jeg ikke var klar over, var en proces, før jeg var godt og vel halvvejs inde i den. Jeg vil gerne dele mine erfaringer ud til mennesker, der er i samme situation, som jeg var.

Det er ikke noget selvhjælpsbog. Du skal ikke sidde i sofaen og visualisere dig til succes. Der er ikke noget opgaver med facitliste. Det er en bog med mine erfaringer om, hvad der sker, når man tager fat på at få ryddet op i 'noget', der river noget andet med sig. Med godt resultat. Du får ro i dit liv ved at rydde op i din egen 'forretning', så du finder ud af, hvad du brug for og lyst til.

Der er nogle udfordringer i det, og der kommer også en udfordring, når du har opnået det resultat, du gerne vil. For så er der ingen undskyldninger for ikke at nå de mål, som ligger og summer i dit hoved, men ikke kan komme ud, fordi du er travlt optaget af at leve, som du gør nu.

Vi lever med en tyk skal af uvirkelighed om, hvad der er vigtigt for os, der skyldes, at ikke mange nogen sinde har gjort op med sig selv om, hvilke værdinormer, der er deres egne. Men hvis vi finder ud af, hvad vi står for, kan vi gøre tilværelsen meget lettere for os selv.

Så hvorfor ikke prøve at finde ud af, hvad vores helt dybt liggende værdier består af, og måske dermed gøre tilværelsen lidt enklere og lidt lettere – med meget større kvalitet.

Så det er en udfordringsbog. En bog, der skal inspirere dig til, at du – måske – får lyst til at udfordre dig selv til at leve et lettere liv.

For du påvirker alt, der sker dig med

- **det du siger**
- **det du gør**
- **måden du lever på**
- **dit hjem og dine ejendele**
- **din økonomi**
- **de mennesker, du omgiver dig med**
- **det arbejde, du udfører**
- **de mål, du ønsker at nå.**

Men hvorfor har jeg slået ind på denne „Lev enkelt og find ud af, hvad du egentlig har brug for"-rejse?

Fordi jeg havde et problem, der hindrede mig i at komme ud af et dødvande og en situation, der var ved at tage magten fra mig. Processen sendte mig ud på en 'rejse', som jeg aldrig havde drømt om, som jeg nu gerne vil dele, fordi livet skal leves – ikke kæmpes.

Men hvad kan man gøre?

Man kan begynde i det nære. Indenfor sin egen dør, så hæng på og

RYD DIG OP!

Ryd dig op

Min historie

Vi har alle områder i vores liv, som tynger os ned. Lidt eller meget. Det kan være økonomi, familieforhold (her taler jeg om negativ binding), arbejdsforhold, hjem og ejendele, men når man tager fat i at rydde op på et felt, vil andre ting automatisk følge med. Når man føler, at man får styr på noget, som tidligere har taget magten fra en, får man kræfter til at tage fat i noget mere. Den ene handling fører den næste med sig.

En ophober blev skabt.

Mit problem var ting. Masser og masser af ting. Jeg druknede i mine ejendele! Jeg var ved at blive kvalt! Fysisk og psysisk. Udelukkende fordi jeg kritiksløst havde gemt alt, jeg nogensinde havde fået og anskaffet! Jeg bar rundt på så meget fortid, levede alt for meget i fremtiden (læs: planlagde alt det jeg skulle lave, når jeg fik tid) og glemte at være i nutiden.

Det startede da jeg var barn.

Jeg var 7 år gammel. Det var min mors fødselsdag, og min mor havde inviteret alle sine veninder til kaffe. En af dem havde også en meget speciel gave med til mig. En lille lyserød guldbelagt moccakop fyldt med chokolade-pastiller pakket ind i tyl med en stor sløjfe om. Den var meget lillepige-yndig, og jeg var henrykt! Den kom til at stå på min hylde – sammen med en lille kop, som min mor fandt bagest i dækketøjsskabet, som hun havde fået, da hun var barn. En guldkop, der stod „Den søde Pige" på.
Efter én jul, én påske og min egen fødselsdag, en periode på ca. et halvt år, hvor alle, der kom på besøg kunne se, at jeg – tilsyneladende – samlede på moccakopper, var samlingen blevet ret anseelig, og inden skrønen om min samlermani var blevet aflivet, var jeg blevet ejer af 26 forskellige par kopper! Som 8-årig!
Efter ganske kort tid blev jeg træt af at holde kopperne fri for støv og pilfingrede skolekammerater og sagde til min mor, at jeg helst ikke ville have kopperne stående fremme mere. Min mor vidste ikke, at hendes svar kom til at sætte tydelige spor i mange, mange år: „Jamen, hvad tror du alle de mennesker, som du har fået kopperne af, vil tro? De vil da blive kede af det, når de kommer og ser, at du ikke var glad for dem!"

Men jeg var da glad for dem! Og jeg ønskede ikke at gøre nogen kede af det – eller skuffede over, at de havde foræret mig noget, som jeg ville pakke ned, så det så ud som om jeg var utaknemlig. Men det var jeg ikke. Jeg var bare en lille pige, der ikke havde den store lyst til rengøring og helt sikkert ikke selv havde bestemt at samle på moccakopper. Episoden var starten på mit ophobnings-gen:

Dårlig samvittighed.

Min mor har med garanti ikke ønsket dette, men virkningen blev, at jeg i alt for mange år har beholdt gaver, som jeg

> **ikke** havde ønsket mig
>
> **ikke** havde lyst til at bruge eller have stående fremme
>
> **ikke** havde samvittighed til at bytte for ikke at skuffe giveren
>
> **som** tog masser af plads op i skuffer og skabe
>
> og som jeg flyttede fra sted til sted i mit hjem **uden glæde**.

Ophoberen var født!

Oveni det skal lægges, at mine forældre og bedsteforældre havde oplevet 2. verdenskrig, hvor man gemte alt, fordi der var mangel på alt, og der var mangel på varer lang tid efter krigen. Man vidste, at man på et senere tidspunkt kunne få brug for alt muligt, som vi ikke regner for noget i dag. Så jeg oplevede, at enhver snor, elastik, ethvert stykke indpakningspapir blev gemt, og at papiret fra julegaverne blev strøget og gemt til næste jul. Selv i dag har jeg svært ved at rive pænt indpakningspapir i stykker, når jeg får gaver. Men jeg kunne ikke blive ved med at gemme alle ting.

Der måtte ske noget!

Jeg havde ikke en anelse om, hvad det var, der tyngede mig – så jeg halsede rundt for at nå alt det, jeg altid skulle. Alle de forpligtelser som jeg skulle leve op til. Jeg havde konstant dårlig samvittighed. Pligterne tog magten fra mig. Uden overhovedet at lide af rengøringsvanvid druknede jeg i rengøring, der aldrig blev gjort så godt, som jeg gerne ville, fordi det tog så lang tid p.g.a. alle de ting, jeg havde samlet. Jeg havde hundredevis af projekter, jeg aldrig fik gjort færdige. Jeg kunne aldrig slappe af, der var altid noget, jeg var nødt til at gøre.

Jeg brugte masser af tid til at lede efter ting, som jeg ikke kunne finde, når jeg havde brug for dem. Når jeg endelig fandt dem, var de for små, for store, forkerte, ødelagte, krøllede eller umoderne. Så jeg købte nye ting, pæne ting, søde ting, moderne ting, altsammen uden nogen ændring i min uro, og jeg købte det på trods af, at jeg ejede ikke en krone.

Jeg havde aldrig ro i sjælen til at være præcis dér, hvor jeg fysisk opholdt mig. Jeg var altid igang med at planlægge et par timer, et par dage eller et par uger ud i fremtiden. Jeg blev ekspert i feberredninger og var indehaver af uendelige huske- og to-do-lister. Jeg nød aldrig at være dér, hvor jeg var, fordi mine tanker altid var et andet sted – langt ude i fremtiden. Jeg var ikke 'til stede'.

I en periode, hvor jeg synes, at dagligdagen kun bestod af kaos, holdt jeg fødselsdag for min søn, og der blev taget billeder, som jeg så nogle uger senere – og jeg fik et chock. Det blev var et wake-up call af dimensioner! Det så ud, som om festen stadig var i fuld gang. Ting alle steder! Møbler alle steder! Billederne viste, at jeg var drunket i ting. Jeg kunne lige pludselig se, at jeg havde samlet alt som en lille hamster. Jeg havde gemt alt, jeg havde fået og købt igennem mit voksne liv, som på det tidspunkt var ca. 20 år! Jeg havde aldrig smidt noget ud. Jeg havde sagt ja tak til alt, som folk ville af med, og som jeg kunne se muligheder i. Jeg havde købt hovedløst ind.

Jeg havde udstyr af alle slags til mindst 4 familier. Jeg bar rundt på alt for meget fortid. Jeg havde slet ikke et hjem, der svarede til det liv, jeg levede, eller rettere til det liv jeg gerne ville leve.

Det var en rigtig hård oplevelse for mig. Mig, der elsker boligblade med billeder af smukt indrettede, velfungerende hjem med god design. Jeg havde lukket øjnene for, at jeg havde gjort mit hjem til en lagerplads for gamle – både gode og dårlige – minder og ting af varierende art og kvalitet. Alt fra små møbler til bøger og vaser. Der var alt – jeg boede bogstaveligt talt på et loppemarked.

Det rystede mig – og så følte jeg en enorm lettelse. Et enkelt billede havde gjort det klart, hvad det var, der var sket, og det tog mig en hel nat og efterfølgende dag at fordøje det.

Lige dér satte jeg mig for – helt firkantet – at jeg kun ville eje en seng, et smukt spisebord med 8 behagelige stole, 7 sæt tøj (et til hver dag i ugen), 2 par sko, én taske og et fedt ur!

Nu har man det jo med at blive lidt rabiat, når man indser, at man bliver nødt til at forkaste, hvad man har gjort i hele sit voksne liv, og jeg skulle da også lige finde den gyldne middelvej, og helt så drastisk som ovenfor beskrevet kom jeg da heller ikke til at gå til værks, men næsten. ... og jeg må indrømme, at den helt stramme linie stadig spøger.

Da jeg fik set på hele mit liv, og ikke mindst min hverdag, lidt ovenfra, måtte jeg erkende, at der ikke var nogen, der vred armen om på mig – heller ikke min mor eller mine bedsteforældre – for at få mig til at leve, som jeg gjorde. Undtaget mig! Så historien med moccakopperne var starten, måske, men jeg var årsagen, for der var ingen, der havde tvunget mig.

Hvem havde anskaffet alle mine ejendele?
Hvem bestemte, hvad jeg skulle gøre?
Hvem havde pålagt mig alle de forpligtelser?
Hvem havde givet mig den dårlige samvittighed?

Mig - hvem ellers!

Det er lidt rystende at erkende, at jeg havde travlt, fordi jeg selv havde skruet min hverdag sammen, så jeg følte mig som en bi i en flaske. At mit hjem var indrettet på en uhensigtsmæssig måde, der gjorde det besværligt at holde orden og gøre rent. At jeg havde forpligtet mig til en masse ting, som jeg reelt ikke kunne overkomme, men som jeg påtog mig, fordi jeg i bund og grund er en hjælpsom sjæl – der ikke gav mig tid til at hjælpe mig selv. For det var så meget lettere at hjælpe alle andre. Det er altid lettere at se andres problemer. Men jeg så ikke, at min travlhed lå lige så meget i mit hoved som i mit hjem. Følelserne og usikkerheden, der kom ved hver oprydning, som kun bestod i at flytte alt for mange ting andre steder hen, skabte støj i mit hoved, og jeg fik aldrig afhændet de ting, som jeg ude i den virkelige verden ikke mere havde brug for. Men nu forstod jeg det: Støjen i mit hoved hang sammen med mængden af ting, som jeg havde pakket sammen på mine få kvadratmeter.

Det var en surrealistisk følelse at stille sig op foran spejlet og erkende, at det ikke havde noget med omverden at gøre, men udelukkende var mine valg, der havde sat mig i min daværende situation. Jeg kunne kun pege fingre af mig selv. Så var spørgsmålet: Hvordan skulle jeg lave min hverdag om? Hvor skulle jeg begynde?

Konklusionen kom hurtigt: Jeg ville starte med noget, som jeg følte, at jeg kunne styre. Noget fysisk. Noget synligt. Jeg ville starte med at forandre mit hjem, så jeg fik overblik over og styr på mine hjemlige omgivelser.

"Operation Store Udrensning" startede! Jeg gik frem med hård hånd – metoden er enkel, gør ondt, er absolut mulig og kommer senere – og resultatet var fantastisk. Jeg fik så meget luft i mine omgivelser, at jeg bare måtte fortsætte. Jeg havde startet en fysisk og mental lavine. Jeg ryddede ud i mit hjem, i min måde at leve på og dermed også i min hoved. Jeg fandt ud af, hvad mit liv skulle indholde, og hvad der ikke fungerede mere.

I dag er mit hjem det stedet, hvor jeg samler energi, før jeg bliver fyret af ud i samfundet. Mit hjem er også det stedet, hvor jeg kommer hjem om aftenen uden at blive overvældet af alle de ting, jeg skal gøre. Men når en oprydning i noget så banalt som ting havde den virkning, hvad ville der så ske, hvis jeg tog kontrollen på andre områder?

Hvad kunne jeg **ellers** rydde op i?

- min økonomi?   - hvor brugte jeg penge på noget, som ikke var nødvendigt, og som ikke gav mig nogen fornøjelse?

- mine indkøbsvaner? - gennemtænkte jeg nogensinde, hvor meget jeg købte udover det, der stod på indkøbssedlen?

- mine rutiner?   - var der ting, jeg gjorde, som simpelthen ikke var hensigts- mæssige?

- min hverdag?   - gjorde jeg den ganske enkelt besværlig for mig selv?

Ja, alt blev taget op, vendt og drejet!

Så jeg væltede hele min kendte verden og rejste den op igen. Til noget meget enklere. Meget mere funtionelt. Meget mindre tidskrævende. Meget friere og skønnere!

Nu lyder det her som en stor mundfuld, og det var det også. For det er svært, indtil man får hul igennem. Men når hullet er slået, går der sport i det. Man får blod på tanden. For det virker! Selvom det 'kun' starter med en op- og udrydning af ting.

Kritiske spørgsmål kom vrimlende. Spørgsmål, som jeg aldrig havde stillet mig selv, fordi jeg havde så meget i hovedet, og jeg endte med at få en meget dårlig fornemmelse i maven, fordi jeg havde glemt at være mig selv. Glemt at være ægte, at mærke mine egne værdier – og ikke mindst at leve efter dem. Vi glemmer nemlig at være tro mod os selv.

Midt i min oprydning faldt jeg over et gammelt udklip, som jeg havde gemt i mange år, uden rigtig at tænke nærmere over det, men det må have talt til mig på et meget tidligt tidspunkt. Jeg havde åbenbart bare ikke været lydhør nok. Det omhandler drømmen om 'det tomme rum'. Vi danskere kan simpelt hen ikke få ting nok. Vi forer vores hjem med ting, der gør os trygge. Vi samler, gemme og knytter os følelsesmæssigt til alt fra brugsting til pyntegenstande. Hvis der er en tom plads på en væg, finder vi øjeblikket noget at hænge op på den.

Det fik jeg bekræftet for et nogle år siden, da jeg lavet nyt køkken (ikke for at samtale eller være mere sammen med nogen, men fordi det gamle var ved at falde fra hinanden!). Der skete der selvfølgelig det, der altid sker, når man istandsætter – når noget blev hevet ned, faldt der noget mere med, og det blev til en del renovering udover køkkenet. Da mit hjem er meget åbent, blev jeg bl.a. nødt til få ordnet gulvene i både køkken og stue.

Jeg bestemte, at når jeg nu var igang, og der var ryddet, kunne jeg ligeså godt også male stuen. Den trængte ikke voldsomt, men så var det gjort. Alt blev stuvet ind i mit soveværelse (der er 12 m^2), og der opholdt det sig nogle dage. Aldrig har så mange ting været så godt sat op på så lidt plads. Hovedparten af alle møblerne stod på højkant, incl. et meget stor sofa, og jeg fik masser af motion ved at kravle ind for at finde min seng.

Jeg malede en solskinslørdag, og da jeg var færdig, kom en veninde på besøg med 'maler-kage'. Vi kunne kun være i den helt tomme stue, så jeg stillede 2 stole foran vinduet og satte vores kaffekopper i vindueskarmen. Vi talte selvfølgelig om, hvor stort et arbejde, det er at få ordnet 2 rum på én gang i en relativt lille lejlighed. Min veninde blev lidt fraværende, og lige pludseligt sagde hun: Hvor er det dog et vidunderligt fredfuldt rum! Der er ingenting, der forstyrrer.

Jeg følte det, som om nogen havde rystet noget i mit hoved på plads, for det første der dukkede op i mit hoved, var et billede af, hvordan jeg, mens jeg boede hjemme, havde drømt om at bo, når jeg flyttede hjemmefra. Fordi jeg i mit barndomshjem var omgivet af samlere. Drømmen om det store værelse med det store vindue og kæmpesengen med det hvide sengetøj. Derudover skulle der kun være en stor grøn plante, en telefon og et skab til mine ting. Hvad ellers skulle jeg behøve! Et sted med tag over hovedet og varme, en seng og mulighed for at få fat på familie, venner og bekendte. Længslen efter det enkle havde åbenbart været der fra start, jeg havde bare valgt ikke at lytte til mig selv, men at være den søde pige, der tog imod alle de ting, som jeg helst ville være foruden. Selvom det var gode ting, behøvede jeg ikke at eje dem.

Så mens jeg var i gang med min oprydning, tænkte jeg på, hvor spændende det ville være at stå med en tom bolig og gå ind i et tomt rum og spørge sig selv: Hvad har jeg i virkeligheden brug for? Hvad skal der til, for at jeg kan fungere optimalt? Ville jeg straks drøne i Ikea, til Paustian eller på loppemarked for at 'bygge et hjem'? Eller ville jeg bare gå ind, lukke døren og give mig tid til at finde ud af, hvad jeg virkelig havde behov for. Uden påvirkning udefra. Nu er jeg ikke i tvivl om, hvad jeg ville gøre:

Jeg ville ønske mig en seng med dyne, hovedpude og sengetøj.

Jeg skal vaskes, så jeg skal også have håndklæder.

Jeg skal klædes på, så jeg skal have 7 sæt beklædning fra top til tå – et til hver dag i ugen. Glem alt om lækker mode nu – vi taler basale nødvendigheder.

Det næste ville være et bord med stole omkring – så jeg kunne arbejde og spise sammen med andre.

En gryde, en kniv, nogle tallerkner, glas og bestik – ikke masse dimser og dippedutter. Bare helt nødvendige ting for at kunne få et måltid.

Det næste ville måske en lænestol eller en sofa.... men der kommer vi allerede til, om de egentlig er nødvendige? Behagelige ja, men nødvendige? Kan man klare sig med seng, bord og stol?

Hvordan ville det være? Belastende eller befriende?

Her kan jeg kun svare for mig selv. Det villle være befriende og ærligt. Og det blev det! Men først efter en ret lang kamp, og det blev ikke helt så nøjsomt, men dog meget enkelt.

Douglas Coupland skriver i bogen „Generation X" :

„Jeg har behov for mindre i tilværelsen. Mindre fortid. Vi lagrer, gemmer til sæsoner, gemmer til sløje tider, gemmer. Vi har 10.000-vis af m² fyldt med supermarkeder og forretninger. Hvorfor? Hvor meget har vi brug for?"

Ovenstående citat blev skrevet i 1991 og er mere aktuelt end nogensinde. Vi har et forbrug, der langt overstiger, hvad vi havde kunne drømme om i begyndelsen af 1990'erne. Så det ville klæde os at tænke lidt mere kvalitet, og meget mindre kvantitet.

Ryd dig op

Et barndoms- minde

Jeg har i mit voksne liv efterrationaliseret over, hvorfor jeg har behov for at leve enkelt, og jeg er i dag klar over, at jeg har lettere ved at være glad for få gode ting fremfor mange ting. Jeg kan sagtens undvære mængden, der bare forvirrer, støjer og giver ekstraarbejde.

Det har fået mig til at tænke på en barndomsveninde.

Jeg havde den gang en ret stor familie, der var glade for at give gaver, og da jeg var glad for dukker, fik jeg nye næsten hver jul og fødselsdag. En dag holdt min bror og jeg konkurrence om, om han havde flest flyvemaskiner, eller om jeg havde flest dukker. Jeg kan ikke huske, hvem der vandt, men jeg kan huske, at min bror talte, at jeg havde 40 dukker! Lige fra én, der var 2½ cm stor til den store glasdukke. Alle disse dukker lå i dukkesenge og dukkebarnevogne, havde tøj og tilbehør, så udstyret var i orden.

Da jeg var 8 år, flyttede min familie til en ny by i en nybygget ejendom. Ejendommen ved siden af var gammel og meget misligholdt. Dér boede Linda sammen med sin mor, far og storesøster. Vi var jævnaldrende og fandt hurtigt hinanden nede i gården bagved husene og legede sammen dagligt efter skoletid. Når vejret var dårligt, legede vi hos mig, fordi Linda ikke så gerne ville have mig med hjem. Da jeg endelig kom med op første gang, forstod jeg det godt, for selvom jeg ikke kom fra velhavende kår, manglede vi ikke noget. Her så jeg for første gang i mit liv en familie, der kæmpede for at holde sammen på tingene.

Linda og hendes storesøster delte værelse, men ikke helt på samme hyggelige måde som min bror og mig. Værelset var meget lille, og der var kun plads til en kommode med 6 skuffer, køjesengen, et spejl og en knagerække, der hængte på døren. Det var alt. I kommodens 6 skuffer var der tøj til Linda i de 2 nederste, tøj til hendes storesøster i de 2 mellemste, og så havde de hver en skuffe til deres personlige ting. Kun én skuffe hver til personlige ting! Legetøj, poesibøger, glansbilleder, dukker. Til alt.

Linda havde én dukke, og hun elskede den! Sådan havde jeg det slet ikke. Jeg havde dukker, som jeg var helt ligeglad med, og jeg havde dukker, som jeg kunne lide, men jeg elskede ingen af dem.

Den samme følelse kom, når vi legede med påklædningsdukker. Jeg ved ikke, hvor mange jeg havde, men det var mange. Linda havde tre. En, der næsten var slidt op og to, som hendes søster havde tegnet. Især de påklædningsdukker kunne jeg godt forstå, at hun var glad for, for de var helt specielle og lavet til hende alene.

Jeg følte noget, som jeg i dag ved, var en slags misundelse. Misundelse over at kunne sætte så meget pris på én ting. Det kunne jeg ikke, for jeg havde simpelthen for meget. Misundelse er ikke nogen rar følelse og heldigvis normalt ikke noget, jeg normalt lider af, men jeg misundte Lindas ro ved at have få ting, som hun virkelig var glad for. Jeg havde masser, som ikke betød ret meget for mig – på grund af mængden.

Men fornemmelsen af hvor jeg ville hen med min trang til at afhænde ligegyldige ting, fik den oplevelse til at stå klart i min erindring, da jeg skulle sætte nogle parametre op for min oprydning. Rigdom er for mig overhovedet ikke forbundet med mængde. Det er forbundet med at være omgivet af ting, som jeg har brug for, og som jeg har udvalgt med stor omhu, fordi de virkelig betyder noget for mig.

Ryd dig op

Nok om mig – nu er det dig!

Lad os starte med noget, som er fælles for os allesammen og det væsentligste i verden: Andre mennesker.

Uden andre mennesker er vi ingenting – uanset hvilke relationer vi har, uanset hvor irriterende eller dejlige de er, uanset om vi er tæt på eller langt fra hinanden. Vi spejler os i hinanden. Vi relaterer til andres successer og fiaskoer. Vi ser forbilleder og det modsatte. Altsammen noget, der er med til at gøre os til de personer, vi er. Menneskene omkring os er det vigtigste i verden.

De fleste af os har også drømme og mål. Vi vil gerne være rige, eller i det mindste have penge 'nok'. Nogle ønsker at blive slankere, ønsker at kunne rejse verden rundt og tusind andre ting. Men i virkeligheden drejer det sig ikke om at have flere penge, være mere veltrænede eller at kunne tage til Thimbuktu i aften. Det er tanken om, hvordan det ville få os til at føle. Ønskerne er meget ofte ikke mål i sig selv, men forventninger til, at de vil ændre vores liv.

Desværre er mange af os er så diffuse i vores ønsker, at vi ikke kommer i nærheden af dem, fordi vi ikke for alvor gør op med os selv, hvad der ligger bag dem. Vi lader os påvirke af omverdenen, i stedet for at lade os inspirere. Det er ok at kigge på naboens succes, men det er ikke nødvendigvis den vej, der skal gås. Derfor er det vigtigt at føle efter, når vi bliver benovede over, hvad der sker for andre. Det er nemlig muligt, at det, der er succes for din nabo, vil være en katastrofe for dig. Derfor skal mål ikke efter-abes. De skal gennemtænkes, så man finder ud af, hvad man vil gøre for at opnå sit mål og føler, hvad man vil føle, når målet er nået.

Så en begyndelse er at sortere fra. At rydde ud. I gamle opfattelser, gamle vaner, dårlig økonomi, kedeligt job, i gamle ting. Starte med at gøre sig fri, før man igen begynder at bygge op. Så ved at fjerne det overflødige, det unødvendige, det uhensigtsmæssige kan vi komme ind til kernen af, hvem vi er, og hvad vi står for. Vi skal skabe alt det væk, som vi ikke har brug, så den kernen af vores værdier står tilbage. Når du har det absolut nødvendige og det, der kendetegner dit værdisæt, er der ikke noget, der kan forstyrre, og så kan du begynde at bygge det op, som du ønsker dig.

Så nu skal du i gang med at 'befri' dig for unødig ballast – hvad den nu måtte bestå af. Hold da op, tænker du nu. Ikke let at svare på, men lad prøve at arbejde os ind på det. Det kan formes i et eneste spørgsmål:

Hvordan ønsker du at leve, og hvad vil du gøre for at opnå det?

Bemærk venligst, at jeg ikke skriver „kan gøre", men „vil gøre", for alt har sin pris. Vi kan opnå det meste. Vi kan flytte os, hvorhen i livet, vi vil. Men det kommer med en pris, og for at opnå nye mål skal der somme tider knokles, somme tider skal der kasseres, og somme tider skal der revideres og/eller rettes.

Så beskriv dig selv! Skriv på et stykke papir, hvordan du ser dig selv, og hvordan du ønsker, at dit hjem skal se ud.

Er du en karriereperson, en handyman – til de højhælede eller de flade sko – eller hele?

Er du til campingvogn eller shoppeferie i en storby?

Er du til store familiefester, eller om du foretrækker små vennemiddage?

Er du musisk eller praktisk, er du udfarende, eller er du til det nære – eller begge dele.

Er du redebygger med masser af farver, eller sværger du til skrabet sort/hvid indretning.

Stil dig selv spørgsmål på de vigtige ting i dit liv og spørg så dig selv, hvordan det stemmer med måden du lever på. Hvis det stemmer perfekt, så tillykke! Så er du en meget tilfreds person, og så er der ingen grund til at læse videre. Giv bogen til en trængende ven, du har jo ikke nået at krølle mange sider. Men hvis du er som mange af os, der godt kunne trænge til lidt korrektioner, så fortsæt bare.

Du skal koncentrere dig om de ting, som betyder allermest for dig. Det er en proces, hvor du til start skal sortere fra, og så vælge til, når du finder ud af, hvad der mangler. Først skal du 'klædes af', og så skal du lægge en plan for, hvordan du 'klæder dig på', og som det tredie må du tage stilling til, hvor meget du vil gøre for at nå dine mål og i hvilken rækkefølge, du vil ændre.

Lyder det som en stor opgave? Det bliver det – måske! Det kræver arbejde, god vilje og en portion disciplin, men det er en vej, som du selv bestemmer, om du vil gå. Ikke en vej, som du er blevet opfordret til at følge. Start et sted og arbejd dig fremad med at ændre de ting, som du ikke trives med. Der er rigtig mange mennesker, der tør tage til farlige og u-udforskede steder i verden. Der er endnu flere mennesker, der ikke tør tage en rejse ind i deres egne liv, så hvis du går i gang, får du med garanti hverdags-spænding. Og hvad er bedre ved at rejse end at opleve noget udfordrende, noget spændende og noget sjovt. For det bliver det også. Det er sjovt at nå et mål.

Livs-
stadierne

Lad os se på, hvad vi behøver – og ikke mindst hvornår – for vores behov forandrer sig hele livet, og vi gør klogt i at forandre vores omgivelser i takt med dem.

Så har du nogensinde standset op og spurgt dig selv, om du er på vej i den retning, som du virkelig har lyst til. Menneskeligt, boligmæssigt, familiemæssigt, økonomisk – spurgt, om du er glad for retningen på dit liv? Er du på vej til at få det, som du ønsker dig? Behøver du nødvendigvis, hvad andre behøver, eller stræber du som de andre for et syns skyld? Eller har du måske aldrig skænket det en tanke, men bare gjort, som man har forventet af dig?

Det er en udfordring at definere sine behov! Eller skulle jeg sige lyst? For behov er en fornødenhed, noget som ikke kan undværes. Lyst er noget, der udløser en følelse af velvære eller at være blevet belønnet.

Så hvad har vi mennesker behov for? Der er lavet meget forskning, og jeg har dykket ned i bunken og valgt Maslov's behovspyramide, som – meget forkortet – omfatter

1 Fysiske behov – mad, søvn, sex (læs: forplantning) m.v.

2 Behov for sikkerhed – tryghed, stabilitet, beskyttelse mod vind og vejr, mod smerter m.v.

3 Sociale behov – fællesskab, kærlighed, venskab samt behovet for tilhørsforhold til enkeltpersoner og grupper

4 Behov for agtelse – selvrespekt, selvtillid, kunnen, anerkendelse, status og værdighed

5 Behov for selvrealisering – virkeliggøre sine mål, at realisere medfødte eller senere erhvervede evner, at opnå såkaldte højdepunktsoplevelser

6 Samvirke mellem behovene

Det 3 første skal populært sagt være tilstede, før der bliver overskud til de næste, og ja, lidt tørt stof, men lad os se, hvad vi i vestlige verden i 2012 rent faktisk har brug for udover ovenstående for at leve en dagligdag uden større problemer, og her tænker jeg virkelig ikke på, når man hører en 17-årig sige: „Jeg har lissom bare så meget behov for den Vuitton-taske!"

Stol, bord, seng, mad, tag over hovedet! Det er det! – sådan cirka!
For sagen er, når vi har fået opfyldt alle vores behov, får vi lyst til

'mere', og det 'mere' er meget forskelligt fra person til person.

Personligt ved jeg altid, hvad jeg ikke vil have. Det er dog ikke altid, at jeg ved, hvad jeg vil have, men jeg er kommet så langt, at jeg ved, at hvis jeg er i tvivl, så er det fordi, jeg ikke har behov for lige den ting. Det kan faktisk godt føles lidt underligt, og til start efter min egen oprydning føltes det lidt som tomhed. Har jeg virkelig ikke behov for noget? Min seng er fin, mit køleskab er fyldt, jeg skal se mennesker senere på dagen osv. Men så kommer følelsen af frihed: Jeg er ikke slave af ting, jeg kan klare mig, uanset hvordan min situation kommer til at forme sig, for jeg ved, at jeg har, hvad jeg har brug for. Jeg er ikke i akut behov for noget. Det er fed luksus, og jeg føler mig meget priviligeret!

Dermed ikke sagt at jeg ikke har ønsker, men de er blevet få. Jeg er blevet fantastisk/fanatisk (!) selektiv med, hvad jeg bringer ind over min dørtærskel, og jeg venter gerne på det, der føles helt rigtigt 'kommer' til mig – til jeg finder præcis det rigtige.

Der er en anden fordel ved at søge efter de rigtige ting er, at jeg kommer oftere og oftere ud for, at jagten på det, jeg har sat mig for at anskaffe, bringer mig i kontakt med andre mennesker og steder, jeg slet ikke kender, og at jeg får udforsket noget, jeg ikke anede fandtes. For jeg giver mig tid. Jeg behøver ikke at skynde mig, jeg når det nok. Det er ikke livet, det gælder, og hvis jeg ikke får det lige nu, så overlever jeg på bedste vis. Og når jeg finder tingen, kan behovet/lysten være forsvundet – men rejsen har været sjov og givet nye værdier.

Vi er forskellige. I køn, alder, gifte eller ugifte, med eller uden børn og så videre, og enhver situation giver forskellige behov, og det vil nu jeg beskrive:

Forskellige livsstadier har forskellige behov:

Den unge, der flytter hjemmefra

Der er 2 forskellige typer af unge fraflyttere. Der er dem, der tager tingene med fra teenage-værelset, får ting med fra familien og så selv køber lidt hen ad vejen. Det ligner som regel præcis det 'skrabsammen', som det er. Hyggeligt og velkendt. Fordelen er, at hjemmet langsomt vil tage form, efterhånden som de nye behov opstår. Det hjem har store chancer for at gro til et personligt hjem.

Den anden slags unge er dem, der går ud og køber et helt hjem på en gang. Nogle har pengene, nogle køber på kredit, nogle får hjælp af forældre. Det kan endda være, at forældrene har købt lejligheden. Denne start er ikke særlig sund eller for den sags skyld særlig spændende, da den ikke giver den unge en realistisk indgang til at klare sig selv, og det giver heller ikke glæden og tilfredsstillelsen af at øve sig i at være voksen. Hjemmet er ofte pænt – og upersonligt, fordi alt er købt på samme tid, og efter hvad der er det rigtige must-have lige nu og vil derfor kræve masser af ændringer i takt med tiden fremfor hjemmet, der bliver skabt efter behov.

Mit første hjem bestod af medbragte ting fra pigeværelset, og selvom om min lejlighed var 42 kvadratmeter, var der langt mellem møblerne. Jeg elskede at få mit eget, men hvis jeg kunne starte forfra, havde jeg sagt nej tak til alle velmenende mennesker, der havde ting, som de mente, at jeg måtte have behov for (jævnfør afsnittet Min historie). For ting af god kvalitet fornægter sig ikke, og hvis jeg havde taget ved lære af fru Gram, havde jeg været rig nu:

Fru Gram var direktionssekretær på det kontor, hvor jeg var elev. Hun var en velklædt, myndig dame (jeg var meget ung, så hun har højst været sidst i 30'erne – først i 40'erne!), som alle havde respekt for, og når hun hævede stemmen, hørte man efter og fulgte ordre. Til gengæld var hun også dén, der var der, hvis noget gik galt. Hun var en valkyrie med et hjerte af guld. Da jeg blev forlovet, gav hun mig en opsang (fordi jeg i hendes øjne forlovede mig for tidligt), en bakke og en røreskål. Bakken var en original Silva-bakke, og skålen var en Margrethe-skål. Det var i 1970, og jeg har stadig begge dele, som fungerer upåklageligt og stadig er smukke. Fru Gram havde sikker smag for funktionelle ting af god kvalitet. Kæresten var ikke af samme kvalitet (også her fik hun ret), jeg blev gift – og skilt!

Et hjem skal ikke fyldes med midlertidige ting. Så hellere undvære! Ting, der flytter ind midlertidigt, bliver tit permanente. Man får ikke taget sig sammen til at spare til de ting, man allerhelst vil have, fordi det fungerer jo. Prøv i stedet for at være modig og lad pladsen stå tom, indtil den rigtige ting er fundet. Det er stor tilfredsstillelse at købe noget, man har gået og set frem til.

De unge skal rådes til at flytte i første egen lejlighed uden for meget ballast. Ofte kommer de afsted med alt for meget gammelt bras, fordi forældrene synes, at de har behov for det, og fordi de unge ikke nænner at sige nej – eller ikke gider diskussionen. Lad være! Sig til en ung fraflytter, at han/hun kan komme og spørge, hvis der opstår en mangel, men lad dem tage afsted med så lidt som muligt. De har andet at tage sig til end at 'lege hus', som om de er midaldrende. Hvis de får sengen, reolen og kommoden med fra teenageværelset, er det fint. Resten kan komme senere.

De – og alle vi andre for den sags skyld – skal lære at sige nej tak, og velmenende forældre skal lære at lade være med at presse (jamen, du kunne få brug for nogle anretterfade, og de her 4 er da søde, når du har gæster – tja, det har man sandelig også brug for til pizza og cola). Som sagt: Mange unge kvæles i køkkenting.

Køb ingen mellem-kvalitetsting. Byg hjemmet op af loppetorvsting eller de helt 'rigtige' ting. Loppetorvsting kan afhændes råt og brutalt – eller gives videre. Anskaffelse af mellemkvalitetsting kommer på længere sigt til at beløbe sig til mange penge, og så bliver det sværere at skille sig af med dem igen.

Klog af skade handlede jeg anderledes, da min søn flyttede hjemmefra. Jeg sagde til ham, at han kunne udpege, hvad han gerne ville have med, men at han skulle passe på med, hvad han ønskede dig, for han kunne risikere at få det! Han var klog nok til kun at vælge det glas-sofabord, som han havde ønsket sig, siden han var 12 år, og en tv-bænk. Så tog han sine egne ting: Seng, skrivebord, reol og kommode. Resten bestemte han sig for at købe hen ad vejen. Hvad der derefter måtte komme til at mangle, ville jo vise sig. Smart unge! Til gengæld tog folk 'hævn' og overdængede ham med ting til køkkenet, for sådan en ung mand vil jo øjeblikkelig give sig til at lave store middage! Ved indflytningen blev han bl.a. ejer af 2 komfurskrabere, 2 piskeris, 2 håndmixere og 4 salatsæt plus en overflod af kogebøger, selv om han ikke tændte komfuret før flere år efter indflytningen.

Singler

Hvis man er selvvalgt single er det lidt på luksussiden. Man kan gøre, som man har lyst. Man skal ikke spørge nogen. Opbyg det hjem, der passer til den levemåde og de interesser, du har. Værdsæt nuet – indret så enkelt som muligt, så det giver den største frihed. Jo færre huslige pligter, des bedre.

Er man ikke selvvalgt single, kan der opstå en fælde: At man lever midlertidigt. At man lever i venteposition, indtil 'den eneste ene' kommer og 'redder' en. Det er slet ikke i orden. Værdsæt dig selv, indret et ordentlig hjem. En enkel base fyldt med kvalitet. Man fortjener at have det, selvom man ikke er 'to'. Og så er pengene brugt på noget godt, når status ændrer sig til 'i forhold'.

Indskrænk den materielle side af dit liv og gør plads til oplevelser og til dig selv. Det er ikke alle krystalglassene i skabet, der giver oplevelserne. Det er, når der bliver drukket noget godt af et hvilket som helst glas sammen med andre mennesker.

Det unge par

Det er være vanskeligt at flytte sammen, når to smagsretninger og indgroede vaner mødes. Med risiko for at bliver anklaget for kønsdiskriminering og for at generalisere, vil jeg alligevel tillade mig at forfalde til nogle grove af slagsen: Mange yngre kvindre har udpræget smag for lidt yndigt, lidt nuttet, lidt kandelabre og prismekroner, lidt 'slotte og herregårde' eller hvad trenden nu byder på lige nu, og mange unge mænd har smag for samlingen af sportspræmier, højtalere, teknik og alt det, der kan fjernbetjenes med disse.

Én måde at håndtere en sammenflytning på kan være – hvis man tør – at begge parter skiller sig af med alt, de ejer, bortset fra personlige ejendele og så begynder forfra sammen. Men det er jo nok de færreste gange, hvor begge parter kan blive enige om det. Fordelen ville være, at man kunne finde ud af, hvad der kan lade sig gøre på de kvadratmeter, som man er herre over, og bestemme hvad de skal bruges til, i stedet for at skulle proppe begge parters ting ind, så man har 2 stk. af alt i 2 forskellige stilarter – og halvt så meget plads.

Problematikken har det desværre med at give sig udslag på grove måder. Mange unge mænd blander sig meget lidt i indretningen af det nye hjem. Resultatet er, at de kommer til at leve i totalt feminine miljøer. Nogle kvinder er aldeles uforsonelige med hensyn til at lade deres partneres ting komme frem i lyset – eller bare indenfor dørene. Men uanset om det drejer sig om perler, roser og herregårdsstemning, eller sportspokaler, tyske ølkrus og fjernbetjeninger, er det meningen, at et hjem skal være for begge parter. Hvis man ikke har plads til noget så banalt som hinandens yndlings-ting, hvordan i alverden skal man så finde plads til hinandens personligheder. Personligheder, der gerne skulle komme til udtryk i en fælles indretning. Jeg hører desværre flere og flere eksempler på, at pigerne gerne vil have kæresten, men ikke hans ting.

Et par dage efter, at et ungt par var flyttet sammen, blev jeg inviteret til at komme og se det nye hjem. Da jeg kom op ad trappen, stod der en sort, moderne arkitektlampe (dyrt mærke) ude på trappeafsatsen. Da jeg kom ind, gjorde jeg dem opmærksom på, at de havde glemt den udenfor. Temperaturen sank et par grader, for den var ikke glemt. Den var sat derud, fordi den unge pige „ikke under nogen omstændigheder ville have sådan en lampe i sit hjem". Den passede ikke i stilen.

Her var et ungt par, der slet ikke havde talt sammen om, hvordan deres fremtidige hjem skulle se ud. Deres fælles hjem var indrettet med hendes ting, og da de fleste af hans ikke passede til den stil, var de sat i kælderen. Lampen ville han dog ikke give slip på, men den blev altså stående ude på trappen og kom senere ned til de andre ting! Hun fik ret, og han fik fred.

En yngre bekendt, udøvende musiker (klaver-vidunderbarn), skulle flytte sammen med sin kæreste. Der opstod et meget, meget stort problem. Kæresten ville ikke have hans klaver indenfor dørene, fordi det var for stort. Det forhold eksisterer ikke i dag.

Et klaver er stort, men det er næppe kærlighed, hvis man vil tage sin store kærligheds passion fra ham/hende. Et hjem skal indrettes præcis som et forhold. Med omsorg, respekt og plads til at være sig selv og at være sammen – for begge parter.

Den unge familie

Når der kommer børn i familien, ryger der nogle kvadratmetre. Det kræver mere, men – lad os være ærlige – ikke nødvendigvis. Det virker bare meget, som om det er reglen, at man ikke kan blive 3 uden at skulle have mindst 70 kvadratmeter mere. Men vent. Baby fylder ikke alverden i lang, lang tid, og de gror så hurtigt, at behovene ændres med ugers mellemrum i de første 3 år.

Indtil børn er 4 – 5 år, er de for det meste, hvor forældrene er. Mange forældre tror fejlagtigt, at mindre børn har behov for deres eget værelse, men det er forældrenes egne behov, der bliver projekteret over på børnene. Der er ikke mange børn, der har en udtalt trang til at være alene. Vi lægger gladeligt spædbørn i eget værelse, når det bedste vi selv ved er at ligge i arm! Det er jo ganske interessant. Babyer er også flok-dyr – ligesom os andre.

Vent med at investere i en ny stor bolig. En kommode til tøj, en seng og et sted til bleer er nok. Selvfølgelig skal et lille barn have mulighed for at sove et roligt sted, og det kan da være ideelt, at der er et værelse til baby, men indse at det er trygt at have de helt små i soveværelset, og når de bliver store nok, kan de sove alene. Men lav ikke alt om fra start. Det er dyrt at få barn, og det er endnu mere surt at sætte sig for store udgifter oveni, før man ved, hvor pladsproblemet kommer til at ligge. At vente sker der ikke meget ved.

Når den dag kommer, hvor barnet skal have sit eget værelse, så lad så være med at anskaffe billige, dårlige børnemøbler. Køb en stol i voksen størrelse, gerne god kvalitet, som kan bruges senere, hvor forældre kan sidde om natten, hvis baby ikke vil sove, og hvor en voksen og et barn kan sidde sammen. Derudover et bord i børnehøjde og et par børnestole, hvor man kan sidde og tegne og male. Resten skal være en seng, et godt opbevaringsmøbel og gulvplads.

Som en lille sidebemærkning bliver jeg nødt til at spørge, om der aldrig er nogen, der har overvejet at give forældrene penge til børneopsparingen i stedet for legetøj, når nu de herlige unger er blevet ejere af 6 tons legetøj i alle mulige 'festlige' farver? Bedsteforældre på begge sider giver gaver, der koster en mindre herregård (fordi alt grimt plastic-legetøj i gaveæsker til børn som minimum koster en bondegård!), og det bliver til enorme summer. Dertil kommer resten af familien, vennerne og diverse andre gavegivere. Ungerne drukner i mængden af legetøj, og interessen holder i meget, meget kort tid. Det er splid af penge!

Familien med skolebørn

Når tiden er kommet til, at der er et barn, der har behov for eget værelse på grund af yngre søskende, skolearbejde og venner, er grunden lagt i babyalderen med kvalitetsmøbler, som den gode stol fra børneværelset eller en gode kommode, så det nye værelse kræver et skrivebord og en reol og opbevaring til tøj. Hvordan teenagebørns værelse ellers skal indrettes, ved jeg godt, at forældre i dag ikke har ene-indflydelse på, men man kan vejlede og sætte nogle grænser for, hvor meget og hvad, der skal stuves sammen, med mindre den unge selv vil købe møbler (for egne indtjente penge). Så kan eventuelle gode møbler sælges eller foræres væk.

Det modne par med voksne ikke-hjemmeboende børn

Når børnene er flyttet hjemmefra, er det tid til en stor ændring igen – for de tilbageværende forældre. Så skal de 'flytte hjemmefra' – mentalt og måske endda overveje at flytte fysisk. De fleste af os, hvis vi er 45+ år, er ofte mindst 10 år bagud indretningsmæssigt i forhold til det sted vores fysiske alder. Vores ting er fra en anden tid, og trinvis udskiftning af omgivelserne kan – og bør – overvejes. Hjemmet skal gennemgås, og man skal begynde at tænke på, hvordan man vil leve, nu hvor man har fået sin 'frihed' tilbage. Hvad vil man satse på? Hvilke ønsker og mål vil man gerne vil nå, før pensionist-tilværelsen kommer? Både når det gælder fysik (hvad man kan overkomme – og gider for den sags skyld) og ikke mindst økonomisk.

Der er en lang række spørgsmål, der er gode at stille sig selv. Så hvad har du nu, og hvad bliver for meget.

- **Hvad ønsker du?**
- **Hvad har du råd til?**
- **Er huset blevet for stort?**
- **Er der meget vedligeholdelse?**
- **Er der noget, der står for en dyr udskiftelse?**
- **Er haven for stor? Og har man lyst til at passe den?**
- **Eller har man fået andre interesser?**
- **Skal man flytte i lejlighed?**
- **Vil man have/beholde et sommerhus?**
- **Flytte i lejlighed og få et kolonihavehus eller sommerhus?**

Eller har man sommerhus og lejlighed, og måske ønsker at købe et lille hus på landet?

Gennemgå den nuværende situation og se lidt ud i fremtiden. Det er tidspunktet at befri sig selv for alle unødige tidsrøvere og få plads til de interesser, som skal udforskes.

Ældre og gamle

Ældre mennesker er de sidste årtier kommet mere og mere til at ligne resten af befolkningen, når det gælder fritidsinteresser og arbejdslyst, hvis de altså kan få lov til at arbejde, og skilsmisser er ikke ukendte på den anden side af sølvbrylluppet. Rigtig mange ældre og gamle mennesker rejser verden rundt, kører motorcykel (jeg var på Bornholm fornylig og så en stor gruppe motorcykler parkeret på Rønne Torv. Ikke en eneste person var under 55!), og det er sandt, at indeni mange gamle mennesker findes en ung person. Mange rynker giver ikke nødvendigvis et gammelt sind. Man bliver jo ved med at være sig selv hele livet, og når man først er blevet voksen, bliver man hverken mere eller mindre eventyrlysten. Man er som man er, enten udfarende eller ikke. Resten bliver afgjort af, hvordan ens helbred arter sig.

Så når hovedet er fuldt funktionsdygtigt, kan det være svært at acceptere, at ryggen måske ikke er så stærk mere, og derfor bliver det vigtigere end nogensinde at gøre det hele lidt lettere for sig selv. Alt for mange ældre bor med for mange og for tunge møbler, og nogle ældre bliver pludselig lidt ængstelige og føler tryghed ved det kendte. De samme rutiner og de samme omgivelser. Det er egentlig lidt underligt, for jo ældre vi bliver, des mere kan vi leve for fuld skrue uden betænkeligheder. Vi har alt at vinde og ingenting at tabe.

Mit eget hjem er en affyringsrampe og en oase – ikke fæstning, der skal holde alt nyt ude, og tryghed er ikke ting og bestemte steder. Ting og steder kan erstattes og udskiftes. Livet skal leves med mennesker, og vi skal turde det. Ellers bliver vi først fattige – uanset hvor mange borge, ting og penge, vi har. Tryghed kan vi kun finde indeni os selv.

Skal vi slæbe rundt med ballast, som vi ikke bruger, men som knytter os til forgange personer eller tider. Skal vi gemme hele vores liv i form af ting? Nej, vi skal ikke! For så udsender vi et signal, der siger, at vi ikke lever vores liv, men at vi har levet det! Det er virkelig skræmmende, men vi sidder fast i vanens magt, og 'nyt' er ikke så sikkert, så for at være på den sikre side, slæber vi også rundt på det gamle!

Så man skal træne sig i at indse, at man som gammel faktisk tilhører den mindst udsatte gruppe af alle. Man skal også indse, at ting giver ikke tryghed. Det gør bevidstheden om, at man kan klare sig selv.

Mange ældre vælger først at flytte, når de bliver tvunget til det, fordi de ikke kan klare trapperne eller passe haven mere. Og det er for sent. Muligheden for selv at bestemme bliver ofte frataget dem, og alt sker under pres, både følelses- og tidsmæssigt, bare fordi de ikke har gjort sig klart, hvordan deres alderdom skulle se ud – mens de havde kræfterne. Ret pudsigt er der lige så mange fortryder, at de ikke er flyttet tidligere, fordi de oplever, hvor let hverdagen kan være, når man under andre forhold kan klare det hele selv – igen. Når man ikke er hjælpeløs.

En ældre bekendt skulle flytte fra en stor villa til en 2-værelses lejlighed, fordi hendes mand var død. Hun var ulykkelig over at skulle flytte fra det sted, hvor hun havde boet, siden hun blev gift, men hun var nødt til det, da hun ikke mere kunne klare det store hus og haven, og heller ikke mere havde pengene til det. Efter ganske kort tid i en dejlig lejlighed med altan i en bygning med elevator og meget mere liv omkring sig, end hun havde i sin villa, trivedes hun i de nye omgivelser, som hun klarede uden hjælp udefra. Hun fortalte, at hvis hun havde vidst, hvordan det kunne blive, ville hun (og manden) være flyttet lang tid inden.

Tænk engang at gå fra at skulle bede om hjælp hele tiden, til at være selvstændig – sig selv igen – bare ved at erkende sine nuværende behov! Det viser, at det ikke er tingene og omgivelserne, der tæller. Det er den indre tryghed og interessen for livet. Vi dør ikke af at leve livet, men vi dør af manglen på interesse for det. Så gør op med dig selv i god tid, hvor og hvordan du gerne vil bo i dine modne år og på dine gamle dage. Det er i hvert fald ikke et mål i sig selv at leve i en kæmpemæssig bolig, fyldt med bunkevis af ting, tidskrævende rengøring og endeløs vedligeholdelse, når både tid og penge kan bruges på et fortsat aktivt, selvstændigt liv. Man kan skabe tryghed ved at rydde op i ejendele, økonomi og boligforhold.

Som pensionist skal livet være fyldt med „Jeg vil", ikke med „Jeg skal".

Hvor er du henne i denne tidsregning? Er det tid for dig at lave ændringer eller bare at begynde at tænke over, at intet forbliver, som det er?

Generelt: Er det på tide at skifte 'alders-stadie'? Se på, om du virkelig befinder dig dér, hvor du tror, du er, og forestil dig, hvor du vil være om 5 år – og gør det til en vane én gang om året, og/eller hvis der sker store ændringer i dit liv. Så vil forandringer ikke forekomme så fremmede og virke som katatrofer – men kun som noget nyt, der skal planlægges på bedste måde, som du kan se frem til.

Samlere er forskellige folkeslag

Samlere består af mange forskellige 'folkeslag'.

Der er **'Gør-det-selv'**-folket, der samler alt, de kan en gang skal gøre 'noget ved'

Der er **'Husker-du'**-folket, der ikke kan afhænde noget, hvis det tilnærmelsesvis kan ligne et minde

Der er **'Det-er-spild'**-folket, der betragter at afhænde som at smide ud

Der er **'Det-kan-man-ikke'**-folket, der får dårlige samvittighed af forskellige grunde

Der er **'Kustode'**-folket, der ønsker at bevare alt til eftertiden

Der er **'Vogter'**-folket', der passer på, at intet går tabt

Der er **'Projektmager'**-folket, som begynder på det ene projekt efter det andet uden nogensinde at fuldføre noget.

Der er **'Hvad-nu-hvis'**-folket, der ikke kan afhænde noget uden at blive nervøse over, om de kommer til at mangle det i morgen

Der er **'Kan-ikke-sige-nej-tak'**- folket, som er høflige og modtager alt, som de bliver tilbudt

Der er **'Pleaser'**-folket, som jeg hørte til, som gør det, deres familie gjorde uden at stille spørgsmålet, om det også fungerer for dem selv.

'Folkeslagene' har alle deres specielle karakteristika og er nærmest talløse, fordi der også er kombinationer og varianter.

Men de har ét fællestræk:

De har mistet kontrollen over deres ejendele.

Og så er der selvfølgelig den variant, hvor samlermani bliver en sygdom. Den person, som ikke kan smide den brugte pizzakarton ud uden at få det dårligt. Det skal der helt andre midler til at få bugt med end en opskrift i en bog. Der skal psykolog-hjælp til. Så her henvender jeg mig kun til dem, der føler, at deres ejendele har groet til for store mængder.

Ryd dig op

Hvad er ophobning?

Før vi går i aktion må vi definere nogle ting. Vi skal definere forskellen på at hobe ting op og at samle på ting.

At hobe ting op er f.eks. at tage imod alt, man får tilbudt, fordi man måske kan få brug for det senere. Når man bliver inspireret af en vare og køber med det samme. Når man kan bruge alt i hele verden, eller mener at man vil få brug for det senere, fordi det virker som en god ide.

At samle er når man anskaffer ting, der har en fællesnævner. Anders And Blade, Børge Mogensen-møbler, Kongeligt musselmalet porcelæn. Samlinger er mere arts specifikke.

Men jeg ophobede! Da jeg flyttede hjemmefra, bestod min nye hjem af diverse overleveringer fra mit værelse hjemme hos mine forældre. Udmærkede ting at starte med. Senere blev jeg eneforsørger, og pengene var små, men der var altid en sød person, der kunne tilbyde en aflagt sofa eller stol, der var lidt bedre, end det jeg havde. Det var altsammen noget, som jeg var meget taknemmelig for, men som jeg senere opdagede forhindrede mig i at tage mig sammen til at spare op til de ting, som jeg for alvor ønskede mig. De ting, jeg fik indenfor dørene, fungerede jo! Men midlertidigt bliver permanent, hvilket vil sige, at man lærer at klare sig med det, der er, fordi det fungerer.

Da jeg begyndte at få råd til at anskaffe ting, som **jeg** gerne ville have, satte jeg moster Anna's lille sofabord i kælderen, for det var for godt til at smide ud, og desuden kunne der jo være nogen, som fik brug for det. Samme vej gik messingsengen, som man måske altid senere kunne få brug for til gæsteseng. Eller jeg kunne lave den om til en sofaseng med skønne puder. Tja! – Hvis man altså nogensinde skulle få en bolig stor nok til at kunne afse et værelse til gæster, at der ikke ville komme gæster, der var højere end 1,60 m, og at man kunne få råd til at få syet en madras i specialmål, så måske! – Se afsnittet Gør-det-selv.

Min tid med aflagte ting og møbler endte med 1 stk. hjem og 2 stk. kældre fyldt med mere eller mindre dejlige ting, som jeg måske kunne få brug for senere, kunne reparere, male eller ombetrække, forære væk, hvis der var nogen, der havde behov for dem. Der lå fuldtidsarbejde til en mindre hær i 50 år i de kældre.

Men er der noget galt i at have mange ting? Ja – hvis man har mange ting, som man skubber rundt i sin lejlighed/kælder/loftsrum uden at have glæde af dem. Det er forkert, fordi alle disse opgaver kommer til at ligge som en dyne af ting, man 'burde' gøre. Enten i form af istandsætning eller oprydning, fordi man alligevel aldrig kan finde dem, når man – eller andre – har brug for dem. Man bliver negativt knyttet til tingene, fordi man ikke kan finde en 'undskyldning' for at skille sig af med dem. Det er ophobning, og det var mit problem!

Lad os lige slå fast, at ophobere er **IKKE** samlere, som jeg vil komme ind på. Ophoberen samler generelt på alt – uden undtagelse, uden at kunne forklare hvorfor og uden særlig grund, og har meget svært ved at skille sig af med ting, og der kan være mange årsager, som vi kommer tilbage til.

En af mine bekendte, hvis yngste barn lige er fløjet fra reden, fortalte en dag, at datteren havde efterladt et gammelt vitrineskab, og ..."nu sætter vi det ind i spisestuen til glas og kopper, for vi har ikke mere plads i køkkenet". To modne mennesker, hvis yngste barn var flyttet hjemmefra, med så meget køkkenudstyr, at de bliver nødt til at inddrage nye møbler for at have plads til ekstra glas og kopper? Det er ophobning! Bare flere ting, der ikke bliver brugt og ting, der ikke bliver taget stilling til.

Når der af en eller anden grund bliver plads og møbler 'til overs', eller husstanden bliver mindre, er det på tide at se efter, hvor store eller rettere små, ens behov er blevet. Det samme gælder mennesker, der køber flere skabe, fordi de ikke har plads til deres tøj. Igen er plads er ikke problemet. Det er, at der ikke bliver ryddet ud i tøjet.

Derfor kan det heller ikke undre, at diverse store supermarkeder flere gange hvert år har tilbud på plastickasser i alle størrelser, og at de går som varmt brød. For så har vi allesammen mulighed for at putte ting, vi ikke bruger lige i øjeblikket, men måske får brug for en gang, væk i kasser. Eller også køber vi en ny reol, kommode, eller et skab. På den måde skaber vi mulighed for, at plads-problemet bliver mangedoblet! For det er meget, meget lettere at pakke ting ned, end det er at tage stilling og rydde ud! Men plastickasser fjerner netop ikke 'støjen og uroen' i ens hjem, og det giver ikke mere overblik, og det giver heller ikke mindre rod. Tværtimod!

Det allerværste er, at **vores hjem bliver mindre, og mindre!**

Kvadratmetrene svinder i takt med de opbevaringskasser, vi bringer hjem, hvis vi aldrig fjerner noget. For hver eneste ny dejlig plastic-opbevarings-kasse bliver der 'ædt' en luns af vores i forvejen sparsomme plads. Ophobning af ting er ligesom et julefrokostbord – man indtager mere, end man egentlig ønsker og har det rigtig dårligt bagefter.

For nu at være lidt morbid, så hvordan har vi tænkt os, at vores efterkommere kan vide, hvad der var værdifuldt for os, hvis vi gemmer alt? Hvordan vil vi fremstå som personer? Det kan være ligemeget, vil nogen måske sige, men alligevel – det er det ikke. Vi forbinder vores kære med gerninger og ting, som har betydet noget for dem, og hvis et eftermæle drukner i gammelt ragelse, forsvinder sporet af personen. Hvilken 'arv' vil du gerne give videre? Jeg vil gerne have, at min familie og mine venner ved, hvad der betyder noget for mig. De ved, at jeg betragter seng, bord og stole som brugsgenstande, og at jeg vil skifte dem ud efter behov – mine behov – i takt med, hvordan jeg forandrer mig. Samtidig skal de ting, jeg pynter mit hjem med, ikke drunke mellem en hel masse ligegyldige genstande. Værdierne skal komme til deres ret.

Der er ting, jeg har gemt væk. Ting, som ikke egner sig til at stå til pynt, men som er værdifulde for mig. Dem har jeg gemt i en klenodiekasse, som er en gammel skibskiste, som står i mit soveværelse. Jeg skal ikke gemme flere skatte end dem, der kan være i den kiste. Jeg er overbevist om, at jeg sagtens kan huske gode tider uden at eje en ting for hver god episode, jeg har oplevet. Jeg har sat **'loft'** på mine skjulte skatte.

 Ryd dig op

Minder

Mange ophober minder, og minder kommer i mange forskellige forklædninger. Det kan være et sted, som ligner noget, vi kender. Det kan være en ting, en lyd eller en duft. En genstand, der får os til at huske, da vi var børn, teenagers, døtre eller sønner, nyforelskede, nygifte, nybagte forældre – fortsæt selv.

Vi gemmer ting, der minder os om, da vi havde success, fiasko (underligt nok gemmer rigtig mange mennesker ting, der giver dårlige minder!), var glade, var ulykkelige, var for tykke, for tynde, for rødhårede... **FOR MEGET!**

Vi gemmer mange ting, som vi ikke har brug for, og som vi heller ikke holder specielt meget af, men beholder fordi de vækker noget i os. Ikke fordi de har reel værdi.

Minder kan være mange ting. Du kan genkalde en tid ved at drikke af et bestemt krus (en hyggeligt eftermiddag i sommerhuset), eller finde et tørklæde (du fik, da du var 17 år), og den lille ske som barnebarnet gravede med på sidste ferie. En sofa kan f.eks. også rumme mange gode minder. Man har siddet og sludret i den, puttet med syge børn, elsket, skændtes, sovet... Men gemmer man den, når den er slidt op? Nej, vel! Det gør man ikke. Man kan godt være lidt tung om hjertet, når man skiller sig af med den, men den ryger ud, og man glæder sig over den nye. Sådan skal det generelt være med vores ejendele. Det er en sund indfaldsvinkel.

Hvis du gemmer hver enkelt lille ting, dit barn/barnebarn, forældre eller kæresten kommer hjem med, så får du hurtigt et opbevaringsproblem. Så vær kritisk. Gem kun det super-specielle. Tingenes størrelse gør en forskel på godt og ondt: Det er meget lettere at gemme en tørret blomst, en porcelænsfigur og andre små ting end at gemme en sofa, og præcis af den grund bliver mange uvæsentlige småting gemt. Det er erindringsklister – lad være med at bruge energi på det. Alt for mange hjem er fyldt med ting, der ikke kommer til deres ret, fordi de forsvinder i mængden af uvæsentlige ting – fordi der ganske enkelt er for meget og alt for meget junk.

Men vi skylder os selv at leve vores liv, som vi er nu! Ikke som vi var. Minder skal ikke gemmes i tonsvis. Det er ikke mængden, der tæller, men kvaliteten af det gemte. Værdierne skal frem i lyset. Resten er kun tung ballast og skal væk.

Man definerer bedst forskellen på at hobe ting og og at samle, ved at finde ud af, hvad en samling er:

En samling er ikke bare ting, vi synes er sjove og søde. Nuttede ting, som vi pludselig falder over. En samling består af ting i samme kategori med tilhørende baggrundshistorie. Ting, som man søger efter, køber eller bytter sig til: F.eks.

- **Frimærker**
- **Tinsoldater**
- **Kuglepenne**
- **Glansbilleder**
- **Blik-legetøj**
- **Golfbolde**
- **Teaterprogrammer**
- **Øl – uåbnede**

Der er også tema-samlinger. F.eks. samler nogen møbler af en bestemt designer eller fra en bestemt periode og bygger et helt hjem op med et tema. Andre samler ting lavet af et specielt materiale (ben, ler, smykkesten o.s.v.).

Børns samlinger er for det meste nutidige. Det vil sige, at de består af ting, der er moderne at samle på lige nu. Som voksen samler man ofte på noget, der hører fortiden til.

Men ægte samlinger har nogle fællestræk, som kan defineres:

Samlinger kan blive komplette.

Samlere mødes i foreninger, på nettet, hvor der byttes, sælges og diskuteres.

En samling har også afgrænsninger: Det kan f.eks. en fodboldfan, der samler Brøndby-tøj. Men aldrig Brøndbytøj og en autograf fra Aab's målmand.

Samlinger bliver mere værd for hver nyanskaffelse – men ikke nødvendigvis i penge.

Der er orden i en samling, eller ændrer det sig hurtigt til en ophobning i stedet.

En samling består af både tingene og arbejdet, der lægges i den.

En samling drives af interesse.

En samling strækker sig over tid.

Og man er ofte allerede i gang, når man opdager, at man har en samling!

En af mine kolleger samler på Hergé's Tin-Tin tegneserier. Men han har fundet en speciel måde at samle dem på, fordi det ellers ret hurtigt vil blive en komplet samling, da der kun er skrevet ganske få Tin-Tin-historier. På en rejse i udlandet havde han fundet et eksemplar, som han opdagede ikke var helt identisk med den danske udgave. Det interesserede ham, og da han rejser meget, begyndte han at søge i andre lande for at se, om der var andre forskelligheder i det specielle nummer, så nu har han en samling af Tin-Tin eventyret „Månen turretur" – på mange sprog. Hans mål er at samle alle landes udgivelser af samme hæfte, og han har kontakt med andre Tin-Tin fans fra mange steder i verden.

Et andet vennepar er meget interesserede i gamle uniformer, historie og våben, hvilket ses helt klart i deres hjem. Våbnene er hængt op som dekoration på væggene sammen med billeder fra samme tidsperioder, og der står gamle herre-mannequin-dukker fra tøjforretninger iført ægte uniformer. Det er et meget specielt og smukt hjem, hvor samlingen er en del af indretningen.

Samlinger kan bestå af alt muligt, og hvordan de opstår, står for mange samlere hen i det uvisse – men som sagt: Det er aldrig en tilfældig bunke ting. Der er altid en fællesnævner.

Nutidige 'samlinger'

Hvert år til jul kommer der nye juleting i handelen. Ting, der kan købes i nye versioner år efter år. Årsskeer, jule-uroer, lysestager m.v. Det er en god kommerciel gimmick, og det kan være ting i den halvdyre afdeling med et eksklusivt skær. Men selvom man har hele samlingen, er den ikke nødvendigvis meget værd i salgsværdi til trods for det store samlede købsbeløb. Salgsværdi vil altid være et spørgsmål om udbud, og når hele Danmark samler, falder værdien. Og så tænk lige over, hvor mange juleuroer, du har brug/behov for.

Der er mange andre kommercielle tiltag, og der er mange ting, der bliver lanceret som 'samlerobjekter' lige fra nylancering. Det er udelukkende et reklamestunt. Lad aldrig et firma fortælle dig, hvad der er samlerobjekter. Det er en naturlig proces, og det er falsk, hvis vi skal lokkes til at samle noget, fordi producenter fortæller os, at det er et samlerobjekt. Så vær meget opmærksom på, om du falder for en ting, fordi den er opreklameret, eller fordi du synes, at den er helt fantastisk og vil give dig stor glæde. Hvis det er en nylancering, og der ikke bliver reklameret med nummereret, begrænset oplag, så lad være med at bide på i første omgang. Det er ikke forbudt at styre begejstringen og lade den sunde skepsis komme på arbejde.

Opbevaring og udstilling af samlinger og minder

Minder og samlinger bør samles på ét bestemt sted, sorteret i farve eller størrelse, i vitrineskabe eller på hylder, så de er til daglig glæde. For hvem siger, at vi skal have Monet, Picasso eller andre reproduktioner (jeg går her ud fra, at der ikke er så mange af os, der har ægte sager af de 2 herrer hængende) på væggen? Det kan ligeså godt være en smuk samling, der siger noget om husets beboeres interesser. Ved at udstille de ting, du holder af og de ting, du samler på, kan du vise, hvem du er. Samtidig er det til glæde for dig selv hver dag.

Få samling på samlingen og minderne. Gør plads. Lad være med at sprede dem ud over hele hjemmet. Så viser du din viden og omsorgen, der er investeret i samlingen og minderne. Det dig, der viser en personlig side af dig selv. Viser, hvad der har værdi for dig.

Så når vi rydder op, skal vi IKKE fjerne samlinger og minder. Vi skal gøre plads til dem ved at fjerne ligegyldighederne.

Gør det selv

Gør-det-selv lyder godt. Det lyder sundt og rigtigt. Og det kan blive en kæmpe tids- og pengesluger. For ikke at tale om en uhyggelig stress-faktor.

Det skyldes ikke mindst de flotte livsstils-magasiner. Vi ser smukke hjem, skønt tøj, dejlige haver, og vi læser artikler om mennesker, der selv har istandsat disse store huse og anlagt de haver. Revet vægge ned. Malet og tapetseret, istandsat badeværelser (som aldrig er under 20 m^2), renoveret køkkener og børneværelser. Mennesker, som designer og syr deres eget tøj og er kunstneriske. Vi læser, vi bliver inspirerede og ambitiøse – vi 'bider på'. Det dér, det vil jeg også!

Goddag entusiasme – farvel realisme. Hvor mange af os er ikke bukket under for et øjebliks fuldstændig urealistisk, kreativ optimisme?

Men tændt af ideen, starter vi med at finde ud af, hvor diverse remedier kan købes og går derefter i specialforretninger og køber tapet, maling, cement, strikkegarn og pensler, eller hvad det nu måtte være. Der bliver i hvert fald købt rigelig med udstyr og værktøj til projektet. Vi betaler meget ofte en mindre formue – men det bliver jo også sjovt – og personligt! Og så går vi i gang.

Måske ikke lige med det samme, for lige nu har vi ikke tid, men senere. For pludselig kan vi godt se, vi står med noget stort foran os. Langt mere tidskrævende og langt mere omfattende, end vi i vores iver regnede med, og måske heller ikke helt så let som beskrevet, hvis vi skal være helt ærlige.

Eller også finder vi ud af, når vi er begyndt, at vi faktisk ikke er så gode til at male, tapetsere eller cementere, som vi havde antaget, og så bliver det måske ikke lige, som vi havde forestillet os. Halvvejs går vi i stå, og projektet transformerer sig til en dynge af ærgelse og dårlig samvittighed.

Hvad er løsningen? Mange af os vil jo så gerne skabe/kreere et eller andet, og vi skal selvfølgelig ikke købe os til alt, og det kan være fantastisk at lave tøj, snedkerere, indrette, male osv.

Men gør det kun, hvis du har tiden og lysten. Og ikke mindst – gør projekterne færdige, et ad gangen. For hvis der ikke kommer færdige, brugbare, smukke og/eller sjove ting ud af det, du laver, bliver det bare en lang endeløs vandring mellem halvgjorte projekter.

Jeg har syet kilometervis af gardiner – af den slags med et rynkebånd foroven og en søm forneden! Vupti, ikke noget problem. Så da min søn ønskede sig et folde-gardin, tænkte jeg: Hvor svært kan det være! Men det var det! I hvert fald for mig. Jeg blev ikke tilfreds. Der var ikke helt så meget 'hejs' i det, som jeg havde ønsket mig, og det blev ikke så billigt, som jeg umiddelbart havde estimeret. Så selvom sønnike var en guttermand og mindede mig om, at professionelle ville have taget en formue for det, ærgrer det mig HVER gang, jeg besøger ham. Når jeg nu så gerne ville give ham et foldegardin, burde jeg have analyseret springet fra rynkebånd til folde-gardin og brugt pengene på at få en gardinforretning til at gøre det. Der er en grund til, at der en nogle mennesker, der tager en uddannelse i et fag, og derfor kan kalde sig profesionelle! Vi kan ikke alle være eksperter på alt.

Loppetorvs-folket er særlig udsat gruppe. Hvis man jævnligt går på loppetorv, finder man mange 'skatte', som man kan bruge. F.eks. et mindre møbel, der bare skal fixes lidt op, og der findes virkelig mennesker, der kan få det til at fungere. Men der er endnu flere, der står med endnu et ubrugt møbel nede i den i forvejen overfyldte kælder, der bare lige skal 'gøres noget ved'.

Så når du falder for noget, der skriger: Se, se, der er muligheder i mig!! er der nogle spørgsmål, som **ALTID** bør poppe op på lystavlen:

- **Er det realistisk at tro, at jeg får det gjort?**
- **Tænk: Hvornår er det helt præcist, jeg kan få tid til at lave detteher?**
- **Hvor lang tid vil det tage?**
- **Hvor mange penge vil det koste i penge?**
- **Bliver resultatet så godt, at jeg vil være stolt af det?**
- **Har jeg reelt brug for det?**

Stop nu,

kan jeg høre nogen, der råber,

selvgjort er velgjort, personligt og hyggeligt!!

Ja, det er ganske rigtigt – men som tidligere sagt – kun for nogen af os, og der bliver ofte investeret en stor del penge i projekterne.

En gang i min tidlige ungdom planlagde jeg – præcis pga pengemangel – at lave mit eget skrivebord! Mit ordsprog er: Hvor svært kan det være? – hvilket jo er et glimrende ordsprog, som er ganske ok at bruge i mange sammenhænge.

Men jeg skal på et tidspunkt lære at bruge det med større omtankte, for det har virkelig bragt mig i mange underlige, sjove, bizarre og uoverskuelige situationer!! Og også nogle ganske anstrengende af slagsen.

Men jeg købte i hvert fald spånplade, ben, sandpapir, maling, lak, skruer, lim og kantlister og slæbte det hele hjem – på cykel! Jeg fik det også lavet – og pyh! hvor er det dog kedeligt at lakere for 5. gang, når hele ens lille hjem må ligge underdrejet pladsmæssigt i en rum tid for at gøre plads til 'værkstedet'. Men det blev faktisk et skrivebord! Et skrivebord, der lignede præcis det, det var: En hjemmelavet malet, lakeret spånplade med ben! Det passede præcis i størrelsen, og det var ok – tæt på pænt faktisk, og jeg var næsten stolt. Men jeg var lidt ærgerlig over at skulle erkende, at det havde kostet mig 200 kr. mere, end jeg kunne have købt et skrivebord for i en møbelforretning, og så ville jeg have fået et ophæng til computer og 3 skuffer oveni. Jeg vil her slet ikke komme ind på, hvor lang tid det tog.

Vær realistisk og ærlig overfor dig selv. Så lav tingene, hvis du har evnerne og kan få taget dig sammen, så du ikke ender med at få mere stablet ned i kælderen.

Det kan ikke gentages for ofte: For os entusiastiske halv-amatører dræner diverse ufuldendte projekter en masse energi. Hvis der ligger en bunke af **ufuldendte værker**, vil vi, hver gang vi flytter projektet og finder en ny plads at lægge det på, dunke os selv i vores hoveder med: Det er også for dårligt, at jeg ikke kan få taget mig sammen/en skønne dag/når jeg får tid/snart...

Der er ingen ide i at invitere dårlig samvittighed indenfor, især når man selv er herre over det.

Så hvis du bare er en anelse i tvivl om dine henliggende, halvdøde, ufuldendte projekter, så drop dem. Ryd den dårlige samvittighed ud. Forær det hele væk til andre, der ikke er klogere eller som rent faktisk kan/vil gøre noget ved det. Men hvis du gør det, så forbered dig på at blive lettere misundelig, når du ser resultatet – men sådan er livet. Det letter og giver plads for ting, som man rent faktisk gerne gør og kan. Vi bliver stressede af 'støjen' af alle de selvpåførte pligter, og summen af det hele bliver, at energien siver ud, så der slet ikke bliver overskud til noget som helst. „Jeg har så mange projekter liggende, at jeg ikke ved, hvor jeg skal begynde" – og så bliver det lettere slet ikke at begynde. „Det gør jeg en anden dag, når jeg har energi. Mere energi end jeg har i dag".

Vi skal selvfølgelig ikke holde op med at snedkerere, tømre, quilte, sy og strikke, eller hvad det nu måtte være, men at tyrannisere os selv med gør-det-selv-ideer er direkte åndssvagt. Det skal være lysten, der skal drive værket. Og hvis du nu absolut har lyst til at prøve noget, som du har drømt om uden at være helt sikker på at kunne, så vælg én opgave/ét projekt i den lettere ende af skalaen og fuldfør det. Samtidig skal du indstille dig på at prøve dig frem. Øvelse gør mester, eller i hvert fald bedre, så forbered dig på, at du måske også skal lave noget om. Men lad være med at starte på det ene projekt efter det andet projekt og tro, at du får det gjort i stedet for det forrige, for det gør du ikke! Det fremgår tydeligt at et afsnit, som kommer senere i bogen, hvor jeg gengiver et interview med en klient, gennemgik en meget stor oprydning og udtrykker det meget præcist.

Et vigtigt punkt er aldrig at købe ind til nyt projekt, før du har afsat tid til at lave det. Du skal ikke lave bunker i dit hjem, der ikke er 'liv' i. Ingenting skal ligge ubrugt i månedsvis. Der skal være liv i 'varelageret'.

Jeg har selv, som det fremgår gennem hele bogen, stor erfaring med at starte projekter, og et andet af dem, var en broderet pude. Jeg ville så gerne brodere en pude, og jeg havde købt mønster, garn og stramaj til en meget smuk viktoriansk pude, som jeg fik syet 20 – 30 sting på hveranden måned. Den havde kostet næsten 800 kr., men udsigten til, at jeg skulle få syet den færdig var fjern, for ikke at sige uopnåelig. Så den blev givet væk! Og jeg har aldrig savnet den! Desuden havde den ligget så længe, at jeg havde nået at ændre stil i mit hjem!

Så til dig, der har en ide eller planer om et projekt:
Projektér det tids- og pengemæssigt, og indse at mange planer er lig med ingen planer, for prioriteringen drukner.

Til dig, der har en masse halvfærdige projekter liggende:
Sortér dine bunker og find én ting, som du vil arbejde med og kør resten på genbrugspladsen eller forær det væk. Planlæg så det tilbageværende projekt og gå i gang.

Hellere et færdigt projekt, end 10 dårlige samvittigheder.

Ryd dig op

Det ER svært at rydde op

Der har været mange forskellige indretningsprogrammer i alle medierne. Dameblade, aviser og TV. Det er godt stof. Vi har haft charmerende tv-værter til at styre diverse boligrenovationer, og det bliver altsammen til boliger eller værelser, der 1-2-3-vupti bliver indrettet smukt og overskueligt. Værelser bliver ryddet, istandsat med ny maling, småreparationer (somme tider store) bliver fuldført, få basis-møbler bliver sat tilbage, enkle effekter og blomster fuldender billedet.

Sim-sa-la-bim. Alt rodet er væk!

Det er jo så enkelt – du skal bare rydde op og smide ud, klaske lidt maling og tapet på væggene, og så er det klaret. Eller er det? Nej! Det er det desværre ikke. Det er slet ikke enkelt, for så kunne man jo bare gå hen og gøre det! Det kan faktisk være meget, meget svært, og det er en af mange grunde til, at jeg har skrevet denne bog.

Der er mange ting, der kan spænde ben for en oprydning, men den største er følelser! Det kan ikke undgås, at man bliver panikslagen ind imellem og har lyst til at give op, men jo bedre du kan definere, hvorfor du får det dårligt, jo lettere bliver det. Ikke let, men lettere.

For nogle mennesker er tanken om at rydde op i sine ejendele så uoverskuelig, at de føler, at det vil være lettere flytte fra alle tingene og begynde forfra! Men de fleste af os nok ikke hjerte til bare at vende ryggen til al rodet og bare lade en opkøber komme og pakke alt sammen og køre det væk. Men det kunne være fristende – og måske lidt spændende?

Jeg har faktisk gjort det i lille skala. I forbindelse med at der var gået mug i min ene kælder, og dette skulle renoveres, skulle jeg flytte alle min ting over i en anden kælder. Jeg var endnu ikke blevet bevidst om, at jeg var nødt til at rydde ud i mine ting, men en lille stemme råbte dog op. Så jeg flyttede alle de 'gode' ting – alt for mange – over i låne-kælderen og sendte bud efter nogle lokale spejdere, der skulle have loppetorv og sagde: I må få det hele, men rummet skal være tømt totalt, når I er færdige.

Jeg gik op i min lejlighed og drak 7 kopper kaffe og spiste en halv wienerstang af nervøsitet. En af de mindste spejdere kom op for at låne mit toilet. Møgbeskidt, energisk med blussende kinder sagde han: Nøj mand, hvor har du mange gode ting! Min mave trak sig sammen et par gange, men jeg holdt skansen. Da de var gået, gik jeg ned i kælderen og kiggede nervøst ind. Et helt tomt betongulv – og til min overraskelse følte jeg kun lettelse. Det var en befrielse. Desværre var jeg ikke klar over, at det ikke rigtig var måden at gøre det på. Jeg fortrød det dog aldrig, savnede aldrig noget, men min ophobning af ting groede igen, fordi jeg ikke havde gjort op med mig selv, hvad jeg egentlig har brug for. Jeg endte i samme mønster som tidligere.

Så accepter nervøsiteten og gå igang. Det er ikke noget, du dør af! Det 'værste', der kan ske, er, at du får det meget bedre bagefter. Resultatet er det hele værd!

Men jeg må indrømme, at da jeg havde lagt den endelige plan, kom der til at gå nogen tid, før jeg kom igang. Der skulle mange dybe vejrtrækninger til. Men hvad var det, der forhindrede mig i bare at starte?

DET GJORDE JEG!

Da jeg startede oprydningen, var jeg meget usikker og utryg i starten. Jeg følte, at jeg kasserede mit tidligere liv. Som om det ikke var noget værd. Jeg følte, at det blev en konfrontation med fortiden.

Men jeg blev ved, for jeg vidste i mit inderste, at jeg ikke ville få ro, hvis jeg ikke gennemførte det, og efter et stykke tid fandt jeg ud af, at det slet ikke drejede sig om at smide fortiden væk. Jeg fandt ud af, at jeg ikke kasserede noget. Jeg sagde farvel. Farvel og tak for den tid, der er gået. Farvel til ting, jeg ikke havde brug for mere, så jeg kunne komme fremad uden tung ballast. Jeg var kommet langt ved hjælp af disse ting, og nu var jeg klar til at kaste støttestavene, og gå videre uden. Jeg kunne gå selv.

Der er mange forskellige følelser, der gør det svært:

Spild:

Vi kan ikke skille os af med noget = 'Brug og smid ud' er spild af resourcer. Derfor sig vi ikke nej til ting, vi får tilbudt.

Brug-og-smid-ud er ikke ideelt. Men hvis vi ikke anskaffede så meget, ville det ikke være et problem. Det er virkelig en god grund til at tænke sig grundigt om, før vi indkøber noget. Men at gemme gamle ting i umindelige tider, fordi man nok får brug for dem en gang i fremtiden, kommer nok ikke ind under den kategori. Ting kan blive for gamle (uden at nærme sig noget, der ligner en antikvitet) eller så vanskelige at bruge i forhold til det, der senere er kommet på markedet, at det kun gør tilværelsen besværlig. Kritiksløst at beholde ting, fordi det ser ud som spild at afhænde dem, er en kun belastning.

Angst/utryghed

Vi bliver utrygge ved at afhænde noget = det kan være jeg får brug for det senere, og så ville det være ærgerligt, hvis jeg havde afhændet det – om så der kommer til at gå 20 år!

Her gælder det i aller højeste grad at være realistisk. Hvis der kommer til at gå år, før man får brug for dem, har man ikke brug for dem og får det heller ikke.

Nostalgi:

Hvis man slår ordet nostalgi op betyder det bl.a. "sværmerisk tilbagelængsel".

Vi kan meget her i tilværelsen, men vi kan ikke gå baglæns i tid. Nostalgi bliver negativ, hvis den hindrer os i af komme videre. Det er desværre ikke ualmindeligt, at vi hellere holder os til noget velkendt dårligt, end at skifte til noget fremmed og måske bedre. Det er en gåde for mig, hvorfor mennesker, der har oplevet dårlige tider, dårlige ægteskaber eller lignende, bliver ved med at bo med og i de samme omgivelser, i stedet for at begynde på en frisk, ryste fortiden af sig og se fremad. Selv ting, der giver gode minder, er noget skidt, hvis vi bliver hængende i fortiden. Man skal ikke klamre sig til sin forgangne 'storhedstid'. Det er usundt, og hvis det er sådan, skal man finde ud af, hvorfor man ikke har sin storhedstid nu. Så er det bedre at arbejde på at give noget nyt en chance.

Dårlig samvittighed

Når vi får gaver eller arver, sætter vi ofte lighedstegn mellem giveren/den tidligere ejer og tingen og får dårlig samvittighed, hvis vi ikke kan lide gaven og dermed heller ikke ved, hvad vi skal stille op med den. Eller måske endda bare ikke har plads til eller brug for den.

Når vi tænker på de forskellige årsager til ikke at kunne skille sig af med gaver, skal vi tænke på, hvordan vi selv giver gaver. Jeg gør altid modtageren klart, at gaven kan byttes, og at jeg foretrækker det, fremfor at mine penge og min intension om at glæde går til spilde, og måske endda bliver en byrde for modtageren.

Det gør jeg, fordi jeg må erkende, at jeg sommetider køber gaver i hast! Gaver, som måske ikke er så gennemtænkte. Gaverne bliver altid givet af bedste hjerte, men det er ikke altid muligt at finde den ideelle gave. Ikke for mig i det mindste. Jeg har til tider stået uden at ane, hvad jeg skal købe, og så har jeg grebet det første, som jeg har fundet anstændigt og købt det. Så ikke alle gaver er nødvendigvis dybtfølte, selvom vores følelser for modtageren er.

Men uanset hvordan vi vender og drejer det, så er det et faktum, at en gave tilhører modtageren og ikke giveren, og modtageren kan gøre med den, som han/hun vil. Selvfølgelig skal vi ikke såre hinanden, men bare erkende, at ikke alle gaver er pletskud, hverken dem vi giver, eller dem vi får. Derfor kan vi ikke kræve af hinanden, at vi til evig tid skal beholde det, vi får.

Hvordan man skiller sig af med gaver? Det bedste er at bytte dem. Som sagt er det ærgerligt, at penge går til spilde, og gaven bare bliver gemt væk. Hvis det drejer sig om gaver, der ikke kan byttes, kan man give dem væk til velgørende institutioner eller genbrugsbutikker, der sælger til fordel for formål, som man har det godt med at støtte.

Arvestykker

Det første du skal huske er, at du er ikke kustode i et museum for dine forfædre, og at det er forkert at give tingene sjæl. Arvestykker har aldrig tilhørt dig! Det er noget, der bliver overladt til dig, og med mindre det er efter aftale med den person, der er gået bort, er du ikke forpligtet til at beholde tingene. Vælg nogle få stykker, som kan indgå naturligt i dit hjem, og lad resten gå til andre.

For mig er fotos vigtige minder, der viser, hvordan mine aner så ud, hvordan de boede, og hvordan deres liv var. Så jeg skulle rydde mit barndomshjem valgte at tage alle de gamle fotoalbums, som for mig er familieskatten og familiehistorien. De lå i en gammel skibskiste, som jeg tog med mig sammen med et gammelt tobaksskab. Skibskisten og tobaksskabet har jeg gjort plads til. Tobaksskabet blev til et CD-skab, og mine CD-holdere blev foræret væk. Skibskisten er blevet min klenodiekasse.

Da jeg spurgte min søn, hvad han ville have fra sine bedsteforældre, bestemte han sig for den gamle '50-er transistorradio, som fulgte hans Morfar, hvor han var i huset, og et gammelt skibsur, som er helt tilbage fra hans tipoldeforældres tid. Resten blev afhændet på forskellig vis, og jeg havde det godt med det.

Specielt i denne situation bør man begrænse sig, selvom det kan være svært. Vælg ganske få ting. Man skal ikke bo i et mausolæum over afdøde familiemedlemmer.

For det andet skal man ikke vælge ting, fordi man har formening om, at et familiemedlem har været glad for præcis den ting. For det er og bliver en formodning. Et billede, der har hængt over en sofa 'i 100 år', kan lige så godt være et spørgsmål om vane. Det betyder ikke nødvendigvis, at det er yndlings-maleriet. Derfor skal man vælge ting, som man selv holder af og forbinder med personen/personerne, så det bliver en glæde at eje den. At tingene altid har været fremme, er ikke ensbetydende med, at de betød noget. Som eksempel kan du se dig omkring i dit eget hjem og finde ud af, om du ikke har nogle 'vane'-ting stående eller hængende.

Fejlkøb

I en oprydning kommer man ofte ud for, at det kan være svært at skille sig af med ting, der har en vis økonomisk værdi. Det kan være et fejlkøb af en eller anden slags, og følelsen af at man har spildt sine penge, kan gøre det meget svært at afhænde ting. Det er en slags fiasko. En fejldisposition, som giver sure fornemmelser i maven. Man ærgrer sig og kan derfor ikke overvinde sig selv til at give slip, for der er jo penge ud af vinduet. Men det er faktisk en af de allervigtigste ting i en oprydning: At lære at sige pænt farvel og give slip. Og i ovenstående tilfælde siger man farvel til en fejl, så man ikke skal blive ved med mentalt at piske sig selv.

Vi har allesammen lavet fejlkøb. Og jo, det er vanvittig ærgerligt, men hvorfor have et par sko stående og fylde op i en kasse, når man har haft dem på 1, måske 2 gange og fundet ud af, at man får fodsved, ondt og vabler, at de er for tunge, at de skulle have været et nummer større, eller hvad der nu kan være galt. Eller en købt kjole eller jakke, der ikke passede helt, men var relativt billig, og hvis man får tabt de 2-5-20 kg, så ville den ellers have været helt ideel! Eller den gigantiske køkkenmaskine, der skulle revolutionere ens madlavningstalent.

Alle laver fejlkøb, og jeg vil gerne fortælle om et, som jeg har lavet, og som til stadighed får mine venner til at vride sig af grin! Jeg besøgte en god ven, som havde den sødeste rokokostol, som jeg sad supergodt i. Den trængte voldsomt til at blive ombetrukket, men man kunne se for sig, hvor fantastisk den ville blive med et moderne stykke stof. Min bekendte ville gerne sælge stolen, men hun havde ydermere en højrygget stol og en 2 personers sofa i kælderen. I kan allerede lugte det, ikke? I kælderen – og der skulle jeg have ladet det stå, men det var billigt! Jeg blev fyr og flamme! Jeg kunne få en hel stue for 1000 kr, og min egen sofa lignede det, den var: En 10 år gammel Ikea-sofa, som havde holdt til en masse liv og glade dage. Jeg så min stue for sig med disse skønne fine møbler, købte dem og fik dem kørt hjem. Og så begyndte gildet for alvor. Jeg kontaktede et firma, der kom og gav tilbud på ombetrækning. De havde stofprøver med, og jeg faldt for – selvfølgelig – et stykke stof i den dyreste stofmappe. Det kostede 15.000 kr. at få stuen ombetrukket – og spørg ikke, hvor jeg havde lagt mit hoved. Møblerne blev umådeligt smukke. Fantastiske. Faktisk langt smukkere, end jeg havde håbet på. Nu havde jeg på det tidspunkt en lang, smal stue, der indbød til at indrette 2 sektioner. Så hele rokoko-molevitten kom hen og stå i enden mod vinduet. Det var vidunderligt. Familie, venner og bekendte kom, så vidunderne og sagde allesammen: Hvor er det bare flot! – og så satte de sig i Ikea-sofaen. Og det gjorde jeg også. Jeg må sige, at det tog en rum tid, før jeg tænkte tanken til ende: Jeg har lavet en fejldisponering af dimensioner. Jeg havde aldrig før og har aldrig siden lavet noget, det bare kom i nærheden. Det var smukt, men det indbød ikke til at krybe op med en kop te og en bog. Man sad ordentlig i møblerne – og man sad godt! Ryggen kunne helt klart godt lide det. Men det var ikke 'mig'.

Jeg vidste ikke, hvad jeg skulle gøre, ærgrede mig grusomt, og så jeg ringede til en, der har forstand på gamle møbler og fortalte hele min historie. Der blev lyttet sødt og tålmodigt til hele misæren, og så sagde hun: „Sælg skidtet!" og tilføjede: „Se af komme af med det og kom videre. Der er ingen grund til at gå og banke sig selv i hovedet med det, man gør galt. Bare lær af det og lad være med at gøre det igen!" Så jeg kontaktede et auktionshus, og jeg fik stuen solgt – med et stort tab. Men det var en flot rokoko-stue!

Jeg blev en del fattigere og en hel del klogere, og i dag kan jeg se tilbage og grine af det. Der findes så mange dejlige ting i verden, men jeg behøver ikke at eje det hele, og det er heller ikke det hele, der passer til mig. Så der er ting, som jeg bare skal gå og frydes over synet af – i butikkerne, i bladene og hos vennerne, og det koster ingenting.

Så gennemgå dine ting og find dine fejlkøb. De ting, du aldrig har brugt. De ting, der ligger pænt i kasser, hænger på bøjler – urørte.

Tag en stor plasticpose og gå ned til din lokale genbrugsshop og aflevér posen – og gå! Lad være med at spilde tid med at prøve at få nogle kroner ud af det. Bare gå! Der er sikkert nogen, der bliver glade.

Og når du nu er i genbrugsshoppen, så luk øjnene for alt det, du måske kunne blive fristet af! Du skal fremover ikke have noget ind over din dørtærskel, uden at du er helt sikker på, at du får brugt det på en eller anden måde. Genbrugsforretninger indeholder sommetider perler, men der er meget, meget langt imellem dem! Køb en kage i stedet!

Resultatsangst

Resultatangst kan være en meget stor forhindring. Følelsen af, at det ikke vil lykkes, og at man ikke ved i hvilken ende, man skal begynde, kan standse mange gode intensioner om at rydde ud, og der er så mange gode undskyldninger til at undgå at gå i gang. Det „bliver sikkert ikke til noget alligvel". F.eks.:

Jeg ville virkelig gerne begynde, men jeg får gæster på fredag, og så går hele week-enden.

Jeg ved ikke, hvor jeg skal gøre af de ting, der ligger i det store skab.

Jeg har ikke penge til at modernisere bagefter, når jeg får så meget plads.

Jeg har ikke tid.

Jeg kan da ikke skille mig af med den skål, den har tilhørt afdøde onkel Alfred.

Måske står jeg og mangler det en dag, og så ville det da være ærgerligt.

Når jeg får tid, vil jeg lave en „et eller andet" ud af det?

– Hvad er din undskyldning?

Det er kun usikkerhed. Ignorer det og fortsæt. De følelsesmæssige forhindringer kan være mange, men fantasien overgår langt virkeligheden. Når oprydningen er igang, kører det. Det er kun et spørgsmål om at få begyndt.

Der kan være andre og meget velmenende forhindringer: Familien! Du måske er den eneste i dit hjem, der føler behovet for at rydde op og ud, og det kan være meget svært at motivere andre familiemedlemmer. Der er altid én af parterne, der har det lettere ved at leve i bunker og kasser, så hvis du møder stor modstand, må du erkende, at du kun kan rydde op i dine personlige ting. Men det er ikke negativt. Hen ad vejen vil det nemlig smitte af på omgivelserne, og så kan du lige så stille komme til 'undsætning'.

Så samtidig med at du selv farer frem med forsigtig hånd og respekterer andre familiemedlemmers ejendele, skal du frigive ansvaret for ejendele, som ikke er dine. Altså overlade til andre at skalte og valte med deres ting. Men når du respekterer, at de andre lever godt med tingene, som de er, skal du til gengæld kræve, at de nye regler for dine ejendele bliver respekteret. Pas dine egne sager og lad de andre gøre, som de vil. Vent bare og se. Når noget fungerer, tager andre mennesker det til sig.

Så forbered alle omkring dig på, hvad du vil gøre, men spar på det store skyts. Der er ingen, der skal føle, at du er en enmandshær på straffeekspedition eller missionær i junglen. Gør din plan synlig uden at gå i detajler. Start stille og roligt. Ryd op i dine egne ting, sæt kasser og sorte sække, så alle kan se det, og gør det klart, at det er dine ting, og at intet, absolut intet, der er lagt væk, må tages op igen, og den regel gælder selvfølgelig også for dig selv.

Der ligger en frygt for at rokke ved ting, der er 10, 20 eller 30 år. Men gammelt er ikke ensbetydende med værdi, hverken pengemæssigt eller følelsesmæssigt. Det er vanerne, der holder dig tilbage, og utryghed og dårlig samvittighed vil være to besværlige følgesvende under hele processen, men de forsvinder i takt med det overskud, der kommer, når du bevæger dig fremad efter planen. Der kan dog opstå kriser:

Midt i min egen oprydning kom jeg ud i en krise. En stor kasse med stof. Jeg har været „stoffoman". I metermål, altså. Masser af stof. Som jeg havde købt, når jeg kom forbi en stof-forretning, hvor der var en rodekasse, hvor jeg altid fandt noget, som jeg kunne lave en dejlig jakke af, sy en sød nederdel af, forklæder til veninderne, og dækkeservietter i den rigtige farve og ...og ...og...

Alle mine gamle planer blussede op, mens jeg gennemgik disse stykker stof – lige indtil jeg for 117. gang fandt det stof, som jeg havde købt til køkkengardiner til den ejerlejlighed, som jeg alligevel aldrig købte! Stoffet var 12 år gammelt! Men det var sødt stof, og jeg kunne i stedet lave et sengetæppe!!

Planerne om at sy diverse ting genopstod, men samtidig rumlede følelsen af at blive bundet af dårlig samvittighed igen – dårlig samvittighed i metermål. Jeg standsede mit hjernespind! Når jeg ikke havde fået syet noget af stoffet i løbet af 12 år, så sagde min fornuft, at jeg nok aldrig ville få det syet. Jeg lagde det hele i en sort sæk, gik hen til en veninde, der syr til børnebørnene hele tiden, sagde værsgo', satte sækken og gik. *Min veninde synes, at det var supersjovt, og hun følte, at hun havde fået en gave.* Da jeg kom hjem, var jeg helt euforisk! Jeg havde igen fjernet en selvpåført dårlige samvittighed! Jeg kunne holde op med at gå og dunke mig selv i hovedet over alt det, jeg ikke fik taget mig sammen til at lave.

Så vær forberedt – **du vil komme i situationer, hvor du føler, at du sidder i klister til halsen**, men det er udelukkende følelser, der henvender sig til gamle vaner. Ikke noget, som vil skade dig i fremtiden. Det er dit indre tryghedsdyr, der skal have at vide, at tryghed og ting ikke er det samme.

Så tro på det!

Men når man begynder på en større ting, gennemtænker man ofte hele projektet fra A til Å, og man bliver så overvældet, at man opgiver på forhånd, fordi det er alt for stor en opgave. Man bliver fremtids-paralyseret. Du ser frem til slutningen, i stedet for at se frem til næste punkt. Det store arbejde, der ligger fremme foran, lammer handlingen.

En eller anden klog – vittig – person (ved desværre ikke hvem) har en gang kommet med følgende guldkorn: Hvordan spiser man en elefant? Svar: Èn bid ad gangen.

Gode råd til rummene i huset

Før du begynder en oprydning, er det en god ide at lave en plan over, hvordan man gerne vil have, at ens hjem skal se ud. Gennemgå forventningerne til resultatet. Jeg er som tidligere sagt ikke indretningsarkitekt, men jeg har fået nogle erfaringer, der virker. Planlæg ét rum ad gang. f.eks.

Stuen

Stuen skal indrettes, så familien kan opholde sig til afslapning, samvær og evt. spisning, hvis der ikke er spiseplads i køkkenet. Der skal være plads til at se tv, og der skal være plads til opbevaring. Hvis en familie spiller mange spil og har legesager i stuen, skal der gøres plads til dem, og det være en god idé at have en møbel, hvor tingene hurtigt kan blive gemt væk, når de ikke er i brug. Reoler til bøger og blade er også et must, så et godt opbevaringsmøbel, der kan lukkes, er en god investering, og hellere ét stort, end to små, for mange små møbler giver et rodet indtryk.

En ting skal slås fast med 7-tommer søm:

Man har aldrig „brug for" nips.

De ting, der skal pynte i ens hjem, skal være valgt med omhu. De skal ikke være baseret på tilfældigheder, der bare samler støv. Læg dine pyntegenstande ned i en kasse og stil den væk 14 dage. Find ud af hvilke ting, du virkelig savner og sæt dem tilbage – og kun dem – og så lad resten gå til de lokale spejdere el. lign.

Bøger tager en masse plads op og er vældig hyggelige at have stående. Hvis du læser meget, ejer du med garanti mange bøger, du aldrig vil komme til at læse igen. Giv dem videre til familie og venner med besked om at give dem videre, når de har læst dem. Bøger, der bare står i en reol – uden at blive læst – er ikke til nogen glæde, de er bare støvsamlere. Gem de bøger, du har et særligt forhold til, og lad resten ryge ud.

TV er et krævende møbel. Det er pladskrævende, opmærksomhedskrævende, tidskrævende og vinder næppe præmien som husets smukkeste møbel. Det er svært at undgå at se på et TV, der kører, uanset om man er interesseret i udsendelsen eller ej. Der kan spares meget plads (og endnu mere tid) ved at indskrænke på dette felt. Personligt synes jeg ikke, at et tv hører hjemme i soveværelset eller børneværelser. Det forstyrrer søvn og afslapning, og det skal ikke bruges som babysitter, og det forstyrrer, hvis man sidder og ser det, når man spiser. Det er en dårlig ide, da det er tidspunktet at være sammen med hele familien.

„Enhver dag uden tv er en god dag"

citat min søn, som mener, at hvis der ikke har været tid til at falde sammen foran tv, er tiden sikkert blevet udfyldt med noget bedre.

Soveværelset

Ryd alt ud. Alt! De eneste to undtagelser er sengen og klædeskabet, hvis du ikke samtidig vil omplacere møblerne. Kommoder og ekstramøbler skal ud, og alt skal tømmes, også klædeskabet, se nedenfor. Ud på gulvet i et værelse eller en gang udenfor soveværelset. Især bedrollers. De dér plastic- eller træskuffer, som kan rulles ind under senge. De skal bare væk. Det er er dårlig ide at have rummet under sengen fyldt op, både af hensyn til luftcirkulationen i rummet og af rengøringshensyn. Nullermænd er ikke noget hit i et værelse, hvor man skal sove. Ikke at de er noget hit nogensinde, men især her er det vigtigt, at luften er god og ren. Start med at gøre rummet rent og stil møblerne, som ikke kan undværes ind igen. Men vær kritisk! Behøver du det lille bord, der stod der før? Har det en funktion? Ellers skal det ikke tilbage.

Lad være med at bekymre dig om, at du lige nu har 2 klædeskabe og 2 kommoder, diverse stabler og bunker. Dem får du taget 'livet af' ved at smide det ud, du ikke bruger. Jeg lover, at når man rydder op på denne måde, så vil bunken, man beholder kun være en trediedel af den bunke, som man ikke kan bruge. Der bliver brug for langt færre opbevaringsmøbler.

Klædeskabe/tøj

Med vores tøj sender vi signal til verden om, hvordan vi vil opfattes, og det er meget vigtigt, når vi har tøjet på. Men er det virkelig er noget, vi skal tage så højtideligt, at vi ikke kan skille os af med det, når det er brugt op eller ikke passer mere? Reelt set er det sammensyede stykker stof eller strik, som vi pakker vores krop ind i for ikke at svede eller fryse. Mere er der sådan set ikke til det. Der er ingen grund til at knytte sig følelsesmæssigt til tøj. Det kommer og går.

For tøj eksisterer der 3 regler:

Er det itu?
Hvis det er itu eller har pletter, der ikke kan fjernes, så skal det smides ud. Hvis du ikke tidligere været i stand til eller har taget dig sammen til at udbedre skaden, får du det heller ikke gjort nu. Smid det ud!

Kan jeg passe det?
Jeg skal bare skal tabe 5 – 10 kg, så passer det! Glem det! Hvis du først skal tabe de kilo, kan du være sikker på, at din rumpe ikke sidder, hvor den gjorde, før du blev rundere. Størrelsen vil måske passe, men det gør snittet sikkert ikke. Så læg det i den sorte sæk til genbrug.

Har jeg brugt det indenfor det sidste år?
Hvis du ikke har haft det på i denne eller foregående sæson, er der nok en grund! Måske sidder det ikke ordentligt, krøller, kradser eller er i en farve, som du ikke kan matche med noget, du har i forvejen. Duge, der bliver vanvittigt krøllede efter vask, linned der ikke kan ligge glat og håndklæder, der efter 5 gange vask stadig ikke tørrer ordentligt, skal ud. Kast det i den sorte sæk til genbrug.

Når du har gennemgået dit tøj – **alt dit tøj**, også undertøj, står du med **3** bunker.

En til **udsmidning**

en til **genbrug**

og den lille stak, som du **rent faktisk kan bruge**, og den er måske **rystende lille**, og **panik**ken sætter ind! **Hjælp! Nu har jeg ikke noget tøj!**

Jo. Du har akkurat lige så meget tøj som før. Du har bare fjernet det, du alligevel ikke bruger!

Hellere et klædeskab med de få ting, som du kan passe og vil bruge, end et klædeskab der sender signal om, at du er blevet for tyk, for tynd eller for gammel. Så ud med gevanterne, der hænger og minder dig om, da du var 17 år og kunne gå bh-løs! Du er den, du er nu, og du har fortjent at se godt ud. Det gør du kun i tøj, der passer din krop, din alder og det liv, du lever.

At kigge ind i et klædeskab, der lige pludselig giver ekko, er en meget ny og god fornemmelse:

Du kan bruge, hvad du ser
Du kan se, hvad du mangler
 – og du ved, hvornår det er på høje tid at få vasket!

En af sidegevinsterne er, at du nu kan skrive på din ønskeseddel, hvad du skal have for at få garderoben til at hænge rigtig godt sammen: en hvid bluse, et par brune støvler o.s.v. Det bliver let ikke at lade sig friste af ting, som ikke passer ind i garderoben.

Jeg er ikke tilhænger af farvetyranni. At man skal bære efterårsfarver, hvis man er rødhåret og grønøjet o.lign. Jeg synes, at man skal gøre, som man har lyst. Men der er en vis fornuft i at holde sig til et par basisfarver, som passer sammen. Det forhindrer mange fejlindkøb. Man kan jo altid skeje ud med lidt billigere modepåfund, som kan ryge ud, når man bliver træt af dem.

Et argument, jeg ofte hører, er: „Alting har sin genfødsel", vintage-tøj o.s.v., så måske er det alligevel en god ide at gemme tøj? Det er faktisk de færreste af os, der slipper godt afsted med at købe genbrugstøj. Nogen få kan, og jeg er sikker på, at det er et specielt talent. Men for det meste består talentet i, at man er 17 år, eller at man ligner en supermodel, og derfor kan slippe godt afsted med det meste. Men genbrugstøj ligner ofte, præcis hvad det er: Genbrugstøj!

Der findes to slags tøj: Sæsontøj og helårstøj. Så dit tøj skal gennemgås ved begyndelsen af hver sæson. Når du lægger dit tøj væk efter en sæson, skal du bare pakke det ned. Du kan ikke se objektivt på det, når du har gået i det en hel sæson. Tag stilling til det, når du pakker det op næste sæson. Jeg er ofte blevet overrrasket over, hvor slidt og kedeligt det tøj, jeg gik i forrige sæson, ser ud, når jeg har pakket det ud igen. Helårstøjet skal have en gennemgang ved samme lejlighed. Det er ret lærerigt, og samtidig noget, man ikke får gjort, hvis man bare lader alt tøj hænge i klædeskabet år efter år. På denne måde vil der ikke hænge 'døde' stykker tøj i garderoben, der får det til at se ud, som om du har oceaner af tøj og sko, og alligevel konstant står i situationen, hvor du ikke har en eneste las at tage på.

'Dødt' tøj.

Jeg skulle til en stor fest på et tidspunkt og gik i Magasin for at finde en top. Jeg kiggede mig lidt rundt og stod til sidst ved nogle franske bluser. En meget sød ekspeditrice kom over og spurgte, om hun kunne hjælpe. Vi diskuterede de bluser, jeg havde set mig varm på, og hun hev lynhurtigt den ene bluse frem og sagde: „Den her! De andre er så specielle, at du kun vil kunne bruge dem få gange, og så har du brugt en masse penge på at have et stykke 'dødt tøj' hængende i din garderobe." Det udtryk har fulgt mig lige siden. Jeg stræber efter IKKE at få dødt tøj hængende i min garderobe. Blusen havde jeg i 8 år, og nu er den givet videre.

Tilbage til oprydningen. Nu lægger du din lille bunke tøj og tilbehør tilbage i dit skab og din kommode. Jeg er sikker på, at du har plads til det nu – hvis du har været konsekvent i din sortering.

Linned:

Du gør nu det samme med dit sengetøj, dyner, puder, tæpper o. lign. Spørg dig selv, hvor mange sæt sengetøj du behøver. Et forslag kunne være at vælge de bedste 3 – 4 sæt sengetøj til hvert familiemedlem: Et sæt på sengen, et sæt til vask og et sæt vasket i skabet og et sæt i reserve. Find dit eget system, alt indrettet efter vaskevaner og familiestruktur. En småbørnsfamilie skal have lidt flere reserver end en familie, der udelukkende består af halv- og helvoksne.

Alt afhænger af husstandens størrelse og sammensætning. Men 10 sæt pr. mand er ikke nødvendigt. Sortér med hård hånd. Hvis du får overnattende gæster, kan du bede dem tage sengetøj med. Det kan man, hvis man tager på ferie i sommerhus, så kan man også, når man overnatter hos andre. Alle, der kommer i bil, kan du også bede medbringe dyner og puder selv. Du skal indrette dit hjem efter din egen families behov.

Køkkenet

Køkkener er lette at rydde op i. Her er det kun et spørgsmål om, om du bruger tingene eller ej, ikke så meget om du holder af dem. Der kan selvfølgelig være køkkenting, som man holder af, men køkkenet er i bund og grund en arbejdsplads. Alle gamle, skårede og kedelige (læs uhygiejniske) køkkenting skal ud. De ting, der står år efter år og ikke bliver brugt, skal ud. Umage par af forskellige ting bidrager ikke til ordenen og tager bare plads op, uanset hvor kønne de er. Så ryd alle skabe, og sæt kun de ting ind, familien bruger.

Der er også sæsonting i et køkken. Vaffeljernet og æbleskivepanden er gode eksempler, men hvis man rent faktisk ikke bager nogle af delene, så forær dem væk sammen med alle de store, blanke køkkenmaskiner, som man begejstret købte, fordi de indbød til at lave ny, spændende mad. Hvilket bare aldrig skete.

Lad det være et mål, at du ikke skal flytte 5 ting for at få fat i noget. Lad være med at stable, såvidt at du kan undgå det. Du skal ikke flytte 10 ting for at få fat i en skål, og der er ingen, der behøver 6 røreskåle.

Men hvad behøver man i et køkken?
Den kendte kok Erwin Lauterbach kom på et tidspunkt med et bud på, hvad man behøver i et køkken. Han var af den opfattelse, at der ikke kan opfindes nye ting til køkkenet. Det er gamle ting i nye, smarte udgaver. Et eksempel er det almindelige pyramideformede rivejern – som også kan fås i en smart designet udgave til en pris 4 gange højere.

Der er brug for:

Saltskål,	der er nem at tage af
Peberkværn,	stor med godt greb
Vægt	
Litermål	
Grydeskeer, gummiskraber, palet og øse	
Et piskeris	med få tråde til at røre i gryde med
Et piskeris	med mange tråde til at piske med
En fritureske	i stedet for en hulske, hvor tingene let falder af
En sigte	
Et dørslag	
Hvidløgspresser	
Kartoffelmoser	
Kartoffelskræller	
En stor 'pincet'	til at vende ting på panden med.
En stor kniv	med riflet skær, som kan skære kød, grøntsager og brød.
En urtekniv	
En filetkniv	
Et strygestål	eller en sliber (hvis man ikke mestrer et strygestål)
En kasserolle	(tag hensyn til familiens størrelse, når der vælges gryder)
En lille gryde	
En større gryde	
En sauterpande	gerne med glaslåg, så man følge madlavningen uden at skulle løfte låget hele tiden.
En bradepande	så man ikke behøver at bruge ovnens store bradepande
En stegepande	
3 skåle	af forskellige størrelse og
1 stålskål	til at køle ting hurtigt af i (det går for langsomt i en plasticskål).
3 skærebrætter	et til kød, et til grøntsager og et til at smøre på.

Ca. 30 stk. køkkengrejer, der dækker alt, stort og småt!
Så hvis det er en professionel koks bud på køkkenudstyr, skulle vi måske lade være med at fylde vores køkkener med alle mulige

smarte opfindelser, der står ubrugte hen, tager plads op og er svære at vaske op.

Børneværelser

Børneværelser skal være enkle. En stol, hvor både et barn og en voksen kan sidde og hyggelæse, en kommode, et lille bord til at tegne ved med tilhørende stol og en lille reol med bokse til legetøj. Og meget gulvplads. Samtidig skal der alt efter alder være opbevaringsmøbler, som kan være kasser til de små og reoler til de større børn og skrivebord til skolebørnene. Altsammen noget, som man kan begynde at sætte sammen, når baby melder sin ankomst. Det skal være let at rydde op og gøre rummet luftigt til al slags leg.

Badeværelset

Badeværelset er normalt ikke et særligt stort rum, og det er en god ide at starte dér.

Alt ryddes ud! Badeværelsesskabet tømmes. Du må ikke opbevare medicin på badeværelset på grund af varmen og fugten, så du skal alligevel finde et andet sted, der kan børnesikres. Check samtidig udløbsdatoen. Er den overskredet, så aflevér det på apoteket.

ÅBNET KOSMETIK OG CREMER ER LEVENDE BAKTERIEBOMBER.

Al kosmetik skal gennemgås. Udløbsdatoer skal også checkes her, hvis der er nogen. Åbnede kosmetikbeholdere skal som hovedregel ikke være over 4 måneder gamle. Solcreme fra sidste år skal smides ud. Du kan ikke være sikker på, at solfaktoren virker. (Iøvrigt: Stik aldrig fingeren ned i creme, brug en spatel. Den kan du få med fra parfumeriet). Lad være med at spare cremer eller parfumer til specielle lejligheder. De holder kun i kort tid. Smid dét ud, du ikke bruger dagligt.

Så komme vi til badeværelsestilbehør. Tandkrusene skal måske udskiftes sammen med sæbeholderen, og nu kommer jeg til en af mine kæpheste! Hvem i alverden har opfundet systemet med toiletbørsten i en lukket beholder? Det geni vil jeg gerne have fingre i! Det er pænt, men absolut uhygiejnisk. Hvad kan der ikke leve dernede i mørket og fugten? Der kan udvikles monstre! Den allerbedste toiletbørste, set med hygiejne-øjne, er en sølle plasticbørste med få børster, der står i en åben holder. Den kan vaske toiletkommen ren og tørrer hurtigt. Og den har en ekstra fordel: Den kan smides ud med god samvittighed, når den bliver grim. Ikke fordi at jeg vil påstå, at den er pæn fra start, den er vel nærmest ligegyldig, men fordi den koster 30-50 kr. – ikke 395 kr. eller mere. Alternativet er, at du har en toiletbørste med efterladenskaber, der er ældre end dine børn. Ikke godt, uanset hvor flot/dyrt designet er.

Hvis der er skabsplads på badeværelset, så læg håndklæder, sæbe og toiletpapir derud. Gør plads til tingene, hvor de skal bruges, såvidt det overhovedet er muligt.

Ting i badeværelser skal holdes på en minimum. Ét skab, der hænger og er stort nok til at opbevare alle de ting, der bruges på et badeværelse, vil altid være en god investering, både af hensyn til rengøring og den personlige hygiejne. Få småtingene gemt væk.

Entréen

Entreen er det rum, der ses først. Det kan også være et meget svært rum at indrette, da det ofte er et lille og/eller smalt rum. Er ens entré på størrelse med en papkasse, skal man overveje, hvor mange knager man skal have. Knager er udmærkede, hvis der er én til hvert stykke overtøj, men ellers fylder det for meget ud fra væggen. En måtte til vådt og mudret fodtøj. Et sted til handsker, nøgler, cykellygter o.lign. Evt. en siddeplads, så man kan sidde og tage sko på. Hvis man har god adgang til at lægge ting på plads, bliver det lettere en vane.

Kældre og lofter

I mange kældre og på mange lofter hersker der ren kaos. Der ligger masser af brugbare ting, der aldrig kommer frem i lyset mere – før de bliver ødelagte af den ene eller anden årsag. Det er dér, hvor vi anbringer de ting, vi ikke tager stilling til.

Jeg havde 2 kældre, og tro mig, det er for meget! De var så fyldte, at det var en ren triathlon, når jeg skulle ned og finde ting, som jeg vidste – eller rettere mente, at jeg vidste, at jeg havde et eller andet sted. De udgjorde et univers, der indeholdt ting, jeg ikke havde brug for mere, men som jeg ikke havde taget stilling til, hvad jeg ville gøre med. Så jeg bestemte mig for, hvad min kælder skulle indrettes på samme måde som alle værelserne i min lejlighed. De skulle udelukkende indeholde de ting, som jeg brugte, men som var sæsonbetonede så som julepynt og terassemøbler.

En bestemt oprydning blev specielt svær. Da jeg gik igang med at gennemgå hele min samling af dårlige samvittigheder og anden fortids-ballast, smittede det af. Min søn havde taget alt sit legetøj med sig, da han flyttede hjemmefra. Han havde

passet rigtig godt på sit legetøj, så det var altsammen i fineste stand, og der var MEGET!
Det blev opbevaret i hans lille kælder på 1,75 x 1,75 m og spredte sig over i mine – på den tid – 2 kældre. Sammen med originale papkasser fra musikudstyr, computerudstyr, maling og tapetrester o.s.v. – så hans kælder ud som kældre ser ud mest. Han spurgte, om jeg ville hjælpe ham, og det ville jeg selvfølgelig, så vi gik igang.
Min søn fandt ud af, at der var minder ved hver eneste ting og kunne slet ikke beslutte sig til, hvad han skulle beholde, og hvad han skulle lade gå. SELVOM han havde glemt alt om tingene, indtil han holdt dem i hånden, og SELVOM det var ting, han aldrig ville drømme om at give videre til kommende egne børn. Det var en rigtig svær situation – og vi opgav det den dag. Vi var begge to klar over, at det skulle gribes an på en anden måde. Jeg foreslog, at han skulle sætte sig ned og tænke på, hvad han virkelig værdsatte som barn. Hvordan han huskede sin barndom. Jeg lavede et skema med følgende spørgsmål, som han skulle besvare:

Er denne ting brugbar, når jeg får børn. Ønsker jeg virkelig at give dem dette at lege med efter det har ligget i en kælder i flere årtier?
Er der samlinger, der skal bevares?
Hvad tænker jeg først på?
– og han bestemte sig for at vælge 5 ting, så resultatet blev:

En kasse med Lego,
en kasse med Brio, Märklin-tog og radiostyrede biler,
og en kasse med tegneserier.

Det var stramme retningslinier, men det gjorde det meget lettere for os begge to, for hans minder var også mine. Vi oplevede begge to hans barndom igen, minderne er der stadig, men han behøver ikke kassevis af ting for at huske de gode stunder. Nogle måneder senere sagde han: Du har ingen ide om, hvor glad jeg er for, at der er blevet ryddet op i min kælder. Det er så skønt at vide, hvad der ligger dernede, og at det er ordentligt pakket ned. Udelukkende gode ting, som mine børn kan lege med engang med tiden, og så nogle minder til mig selv.

Når man rydder op, har man behov for objektivt modspil, hvis panikken sætter ind. Så man skal vælge sine hjælpere med omhu. Det skal ikke være nogen, man deler minderne med, for så ender det med at blive en mindehøjtidelighed og ikke en oprydning.

En kælder skal, som alle andre rum, ikke indeholde 'døde' ting. De skal ikke ende som skralderum, men være en station for ting, der bruges med jævnligt:

Sommerhusting, der overvintrer.

Cykler og barnevogne

Værktøj, der selvfølgelig altsammen skal være i orden og virke

Jule-, påske- og anden pynt

Altan, terasse og haveting.

Alt, der har ligget til reparation i umindelige tider eller er gemt til 'dårligere tider', skal ud.

Klenodiekasser!

En klenodiekasse er en nødvendighed, selvom den for det meste indeholder ligegyldigheder – objektivt set. Det er den helt private opbevaringskasse til søde minder af forskellig slags, som vi ikke kan have stående i fremme, fordi de af en eller anden grund ikke kan/skal udstilles. Gode breve, ting fra barndommen. Hvilken som helst grund er god nok, det bestemmer den enkelte person, men det skal indskrænkes til én kasse pr. mand og en ekstra til den fælles familiehistorie. Her skal du investere i nogle gode kasser med hjul. Gerne gennemsigtige, så du kan se, hvad de indeholder.

Vær realistisk

- Når du rydder op, skal du holde dig fra indretningsideer, der passer til slotte og herregårde, hvis du bor i en legoklods.

- Det er endnu ikke tid til at tænke i detaljer. Nu drejer det sig ikke om pynt og småting. Koncentrér dig om de store linier.

- Benyt de møbler, du har lige nu, og som du vil beholde. Men husk! Så få møbler/ting som overhovedet muligt.

- Indret hjemmets arealer til det, du behøver, men lad være med at gøre alle rum til multirum. Det skaber mere forvirring, end det gør gavn.

- Planlæg at tingene skal ligge på deres naturlige plads. De skal være, hvor der er brug for dem.

- Der skal være opbevaringmøbler i hvert rum, så du har viskestykker i køkkenet, sengetøj i soveværelset, o.s.v.

Mange små kasser, kommoder og skabe skaber et uroligt indtryk. Tænk stort! Hele skabsvægge giver mere ro i et rum end flere mindre opbevaringmøbler, selvom det måske umiddelbart virker mere pladskrævende. Hellere et stort opbevaringsmøbel end 3 små – også i små rum, endda især i små rum.

Sådan!

Det var det! Lyder det, som om det kan ændre noget i ens liv? Måske ikke, men tro mig, det kan det! Det gør det! Når du senere har foretaget din oprydning, vil du opleve, at du kan komme tæt på at få præcis det hjem, du gerne vil have, og at du allerede er ejer af de fleste ting, du behøver. Du vil også kunne mærke, at det letter. At vide hvad man har, fjerner en masse støj i hovedet, og samtidig har man fået afdækket, om der rent faktisk er noget, man mangler, og så kan man skrive en ønskeseddel.

Få professionel hjælp, hvis du føler, at opgaven er for stor til selv at gå igang, eller hvis du gang på gang prøver og ikke føler, at det fører til noget. Derfor er det godt at have lagt en forhåndsplan. Ellers luller man sig ind i en masse argumenter, som lyder rimelige i øjeblikket, men som kun resulterer i, at man igen står med 27 kasser, som man alligevel aldrig får åbnet igen. Kasser, der indeholder ting, som andre mennesker kunne få glæde af, eller som man kunne sælge og få penge til at købe noget, man rent faktisk har brug for.

Venner kan være en hjælp, men er ikke altid den bedste støtte. Hvis man lægger en plan og bliver svag over en ting midt i oprydningen, er det vennens pligt – ifølge aftalen – at komme med modargumenter. Men man skal passe på med, hvad man bruger venskaber til. De skal ikke udsættes for hvad som helst! Det undgår man ved at få hjælp af en professionel.

Rum med rod skaber uro
– også selvom man ikke ser det til hverdag.

Selvom ting er „ude af øje", er de ikke „ude af sind"

 Ryd dig op

Tre metoder

Der er selvfølgelig flere end tre måder at rydde op i sine ejendele, men det er, hvad jeg vil foreslå her:

Den blide:

Den blide metode er den, der sker så gradvis, at de meget nervøse også kan være med, fordi det er den, der giver mindst uro. Derfor vil jeg alligevel ikke undlade at beskrive den. Men det gør den også til den metode, hvor man har størst chance for at mislykkes, fordi der er en stor mulighed for, at det hele fuser ud, og fordi det er let at miste overblik over, hvordan tingene lettest kommer på plads. Med andre ord: Man mister let overblikket over en samlet løsning.

Man laver en oversigtsplan over hvert værelse og bryder den op i mindre sektioner og sætter datoer i kalenderen til oprydning af disse sektioner. Hvis man har et soveværelse, hvor der er klædeskab, en arbejdsplads og en kommode, bliver hvert funktionsområde en sektion, og man fuldfører en sektion ad gangen.

Det er meget vigtigt at fuldføre hver sektion, men kan det være svært at overskue, hvor man skal gøre af de ting, som ikke skal bortskaffes på den ene eller den anden måde, fordi der måske ikke er plads, før de andre sektioner også er ryddet. Så det skal der udtænkes en løsning for, inden man starter.

Mellemvaren:

Her koncentrerer man sig om et rum ad gangen, og det giver en meget større fordel end 'den blide' metode, fordi man kan rydde et helt rum og måske endda bestemme sig for at male og ordne det, før man sætter ting på plads igen. Det giver god mulighed for at lykkes. Også her skal der sættes tid af i kalenderen.

Den rå:

Her bestemmer man sig for at gennemgå alt i sit hjem over nogle sammenhængende fridage. Det lyder hårdt, men til gengæld kan man holde sig til den plan, man har lagt forinden om, hvordan resultatet skal være, som en en af min klienter, se afsnittet Kælder-oprydningen holdt sig til, da han ryddede op. Det bliver mere klart, hvad der er nødvendigt.

Uanset hvilken metode der benyttes, er det vigtigt at tømme så meget som muligt. Man må ikke begynde at pille lidt fra i en skuffe. På den måde kommer man ingen steder. Alle skuffer, reoler, skabe og andre opbevaringsmøbler skal tømmes **HELT**, og så sorterer man **ALT**. Desuden skal man se på, om man behøver alle møblerne, eller om man kan fjerne f.eks. arbejdspladsen, som altid er en dårlig funktion at have i et soveværelse. Det forstyrrer ens nattesøvn at blive mindet om arbejdet, økonomi eller hvad det nu er, man arbejder med dér.

Men selv om man bare har bestemt sig for at rydde en kommode og kun kan overkomme én skuffe ad gangen, skal den tømmes helt. Start altid med et totalt tomt område.

Ryd dig op

Klar, parat...

Vi kender sikkert allesammen talemåden: „Hvis du ejer mere end 7 ting, så ejer tingene dig". Det fungerer sikkert bedst, hvis du lever som buddist-munk, i hvert fald tror jeg ikke, at mange munke har brug for at læse denne bog.

Men lad os lave et tankeeksperiment : Hvis der nu udbrød brand – må alle magter forbyde det! – og du kunne vælge at redde 7 ting, når alt levende var reddet, hvad skulle det så være?

Dine fotoalbums?
Dine golfkøller?
Dine smykker?
Moster Anna's gamle vase?
Lille Frederiks leraskebæger lavet i børnehaven?

Din Chanel/H&M-jakke?
Din gamle bamse?
Familiebiblen?
Dit gamle Märklin-tog?
Din motorcykel?
Eller...?

Det giver en glimrende ledetråd om, hvilket ting, der betyder noget for dig. Du vil finde ud af, hvad du ikke har lyst til at undvære. Det er de ting, der fortjener at blive gravet frem mellem alt det uvæsentlige.

Denne lille opgave er virkelig en øjenåbner for mange mennesker. Du skal ikke sidde og tygge på din blyant, bare skriv hvad der falder dig ind. Din underbevidsthed skal nok råbe op. Hvis ikke, er der al god grund til at gå virkelig drastisk til værks, for så har man bare gemt ting, som intet betyder.

Skriv en liste over de 7 ting, som du vil blive knust over at miste, og hold fast i den, mens du rydder ud. Kig på den med mellemrum, når der kommer 'for meget' i den bunke af ting, som du vil beholde.

Start!

Så! Nu er vi lige ved at være der! Du skal til at rydde op, og hvad behøver du for at komme igang?

- Du skal finde ud af, hvordan du vil/kan du skille dig af med tingene.
- Afsætningssteder: Venner, velgørenhed, opkøbere, containerpladser?
- Fastsæt datoen. Selvom himlen falder ned, og jorden buler op, så hold fast. Lad ikke noget komme i vejen, når du først har afsat datoen.
- Købe et par ruller store plasticposer. Husk at de skal være gennemsigtige, hvis de skal afleveres på genbrugsstationen. De modtager ikke sorte affaldssække mere
- Anskaffe en plastickasse med hjul pr. familiemedlem + 2 ekstra
- Gå igang med godt humør

Der er skrevet hundredevis af gode bøger, om hvordan man gør, og hvis man lægger dem allesammen i en stor gryde og koger det sammen, så bliver resultatet:

1. **Behold det, du bruger, og det du elsker. Med tryk på bruger og elsker**

2. **Har du ikke brugt en ting i 1 år, skal den uanset alder, værdi eller andre 'gode' argumenter afhændes.**

Sagt på en anden måde:

1. **Bruger/kan ikke leve foruden – kan beholdes**

2. **Ubrugt i en sæson – ud!**

Så gentager du:

Punkt 1 og 2.
Punkt 1 og 2.
Punkt 1 og 2.

Fortsæt sådan gennem ALT, du ejer.

Og er du i tvivl, så skal det også ud! Tvivl er et tegn på, at din intuition og din hjerne kæmper. Lad intuitionen vinde. For du vil aldrig være i tvivl om de ting, der virkelig er vigtige for dig.

Læg det, der skal videre i affaldssække (menneskets bedste ven), luk dem og sæt dem væk. Gør det ordentligt. Sæt hvide klistermærker på det, så du tydeligt kan se, hvad der skal gives videre, det der skal sælges, og det der bare skal på genbrugspladsen. Skriv med rødt, grønt og sort. Gør noget, for at gøre det synligt. Ikke kun, hvad du beholder, men også hvad der bliver afhændet på den ene eller anden måde.

Hvis du har bestemt dig for

At forære væk til familie og venner:

Hvis du vil forære noget væk til familie og venner, så informer dem på forhånd om datoen, og om at de skal holde sig væk, indtil der bliver ringet efter dem. Når oprydningen er ovre, skal beskeden være, at det er nu eller aldrig, for når dagen er gået, vil der blive sendt bud efter spejderne, en opkøber, og/eller det vil blive kørt til storskrald. De SKAL komme den dag, det passer dig, for det er DIG, der skal blive færdig. Kan de ikke, så er det ærgerligt for dem! Der skal ikke ligge nogen bunker, når oprydningen er overstået.

At sende bud efter en opkøber:

Opkøbere vil somme tider kræve penge for at fjerne tingene. De skal have deres timeløn for kørsel og rydning via det, de regner med at kunne få for tingene. De kommer ikke ud efter ting, som ikke kan omsættes, og de ved, hvad de vil have! Måske kan det betale sig for dig bare at lade dem køre med det hele uden beregning.

At sælge:

Hvis du vælger at sælge nogle ting, som du på forhånd ved har værdi, kan du tage billeder af dem og sende dem til diverse auktionshuse på e-mail. Husk at bede om salgspriser, hvilket ikke det samme som vurderingspriser, så bliv ikke skuffet. Udbuddet er stort, og der måske ikke er mange penge i det. Det, du føler er af værdi, er ikke nødvendigvis værdifuldt for andre, og måske er det ikke i kurs lige nu.

Der er mode i gamle ting som i alt andet. Vi har, set det med platter af forskellig art, og fordi man har en stor samling af et eller andet, er det ikke sikkert, at der er salgsværdi i det, selvom der er investeret mange penge og meget tid i det. Så kan det være en god ide at finde en samler på nettet.

Når du har solgt tingene, så invester dem i noget, du har brug for, vær glad og glem alt om det, du har ejet.

At give til velgørende institutioner:

Du kan kontakte velgørende organisationer. Find adresser og telefonnumre på nettet og find ud af, hvornår og om de kan komme og afhente tingene, eller om du skal komme med dem selv. Det er mange gange frivillige, der gør disse jobs, og de har nok at se til. Lokalt kan der være spejdere og ungdomsklubber, der holder loppetorv, så går pengene til gode formål.

Storskrald:

Find ud af, hvornår den lokale storskraldsstation er åben. Det er vigtigt at komme af med sækkene så hurtigt som muligt.

Loppetorv:

Loppetorv og garagesalg har jeg et par kommentarer til. For det kræver meget af en nybagt oprydder! – Jeg anbefaler det faktisk slet ikke. Men hvis du har mod på at gense og sælge de ting, du lige har bestemt, at du vil skille dig af med, så gør det, men vær opmærksom på, at det ikke er helt ligetil. Det er svært, når der står en køber og siger: „Nej, se den yndige lysestage. Den kunne se vidunderlig ud på natbordet", for vi ser ofte værdien i ting igen, når der er andre, der ønsker dem! Det holder ikke, hvis tingen 'kommer hjem' igen. Det er som gamle kærester! Når et forhold – og det gælder også til ting – er slut, føler man ofte en falsk længsel, når en anden kigger lystent på det kasserede, for så kan man godt se det attraktive, selvom man udmærket ved, at det er en dødsejler.

En anden ting er, at man kan høre om nogen, der har tjent 2.-3.000 kr. på loppetorv. Det er måske en sandhed med en tvist. Man hører aldrig om, hvordan man først pakker tingene ned, slæber kasser, tager afsted klokken sort om natten, kører langvejs, pakker ud, står og fryser og bliver våd i uendelige timer, pakker op og pakker ned igen – og har tjent 235 kr., når stadepladsen er betalt. At gå på loppetorv kræver, at man synes, at det er sjovt, ellers drop det og få det afhentet. Så er det ude af systemet.

Desuden er de fleste af os er blevet så vant til at gå på loppetorv, at vi ved, hvor meget vi kan presse priserne, og det er præcis, hvad man bliver udsat for, hvis man står på den anden side af bordet:

At der ikke er nogen, der er indstillet på at give en anstændig pris for noget som helst. Uanset hvor værdifuldt det er. Hvis man bl.a. sælger gammelt håndarbejde, er det tæt på uanstændig, hvor lidt man kan få for det. Når man ved, at der er mange ugers eller måneders arbejde i. Men sådan er virkeligheden.

Hvis du ydermere har loppetorvs-bacillen, kan det være et farligt sted at tage hen. Du kommer måske hjem med mere, end du tog afsted med!

Så forær tingene væk i så stor udstrækning som muligt. Det gør både dig og modtagerne glade.

Bliver man nogensinde færdig?

Ja, det gør man! Faktisk kan der gå sport i at lade være med at købe flere unødige ting. Man kommer nemlig til et sted, hvor man kun køber ting til erstatning for noget, som er udtjent eller går i stykker. For til sidst står du tilbage med de ting, du elsker og/eller har brug for.

Vedligeholdelse efter oprydning

Hvad gør man så, når man har ryddet op, så det hele ikke bare roder til igen?

Nyanskaffelser

For det første har man undervejs fået gjort sig så mange overvejelser over, hvorfor man dog har anskaffet sig alle de ting, og det vil ændre indkøbsvanerne. Men der kan være situationer, hvor de gamle vaner pipler frem, og det er dér, man skal stille sig nogle spørgsmål:

Har jeg kig på den her vare, fordi jeg mangler den?

Eller fordi den jeg allerede har trænger til udskiftning.

Er der fordele ved at købe en ny?

Har jeg brug for den, når det kommer til stykket, eller skal jeg lige vente lidt?

Hvis ikke hovedparten af disse spørgsmål falder klar til et ja eller nej til at købe, så vent! Der er ikke mangel på ting her i verden, og i morgen er der et nyt og bedre tilbud.

Tilbud

Nu nævnte jeg tilbud. Vi får tilbudsaviser med

Her-og-nu tilbud – som er noget vrøvl – de kommer altid igen

Så længe lager haves – der er altid nogen, der har mere

Alt skal væk – ja, måske, men det behøver ikke at blive lagret hos dig

Ophørsudsalg – er som alle udsalg: Noget der gentager sig.

Lad være med at falde for det. Der kommer altid et nyt tilbud – af enhver slags.

Generel vedligeholdelse

Læg på plads.
Når man har tingene i hånden, så læg dem på plads. Det lyder uhyggelig kedeligt, men lad være med at tænke over det. Bare gør det! Det tager mindre tid at gøre det end at lede efter det næste gang, du skal bruge det.

Smid ud
Ting, der går i stykker skal smides ud, og nyt erstatter gammelt. Gammelt skal ikke gemmes. Tag stilling og afhænd det med det samme.

Årlig oprydning
Et år efter 1. oprydning skal du gennemgå dine ting efter præcis samme mønster, som du brugte tidligere. Der bliver mindre og mindre at rydde væk, for

du har jo kun beholdt de gode,
brugbare ting, ikke?

Ryd dig op

En case story

Jeg har tidligere nævnt et interview med en klient, som jeg gerne vil referere. Det er hans ord, ikke mine, og de viser med al tydelighed, hvor vigtigt det er at gøre tingene selv. Han fik afdækket, hvordan han var kommet i den situation, hvor han i sin kælder havde fået samlet 88 flyttekasser plus det løse. Tilsyneladende kasser med orden i, men det er reelt kasser, som min klient har pakket, når han har fået for meget oppe i sin lejlighed, så alt er pakket pænt væk uden nogen form for system. Men han var blevet klar over, at det ikke fungerede for ham at have så stor en samling af ejendele og papir i kælderen. Det gjorde ham irriteret ikke at kunne finde ting, han havde brug for, lige som han var blevet klar over, at tingene blev ødelagt af at ligge dernede. Han ønskede selv at gå hårdt til værks.

Der blev lejet 2 rum overfor hinanden i et lagerhotel i 14 dage, og vi fik brug for både arealet og tiden. Det er en rigtig god ide at køre tingene væk, fordi det ikke gav mulighed for at undlade at tage stilling og bare sætte ting væk. Det var desuden hans intension at tag alt op i hånden og tage stilling til hvad der skulle ske med det – og så at få det gjort.

Jeg interviewede ham hver dag, når vi sluttede af om aftenen, og som det vil fremgå, var det ikke let. Hans oplevelse af oprydningen kommer her.

Dag 1

Mig: *Hvordan har du det nu efter første dags oprydning?*

Min klient: *Jeg har en fornemmelse af en masse spildt arbejde. Måske også spildt potentiale i form af ideer og projekter, som aldrig blev udført.*

At smide ud er ikke kun en positiv følelse. Jeg har følelsen af at have været en garant, kustode eller en bibliotekar, en forkæmper for ting, der har bragt glæde, (her: bøger og blade) eller for ting som jeg synes var vigtige, og som bliver ved med at være vigtige. Når man nu har lagt så mange kræfter i samlingen, f.eks. når man har samlet alle bladene fra et tidspunkt til et andet, så er der noget, der bliver spildt, når det bliver smidt ud. En historik, der forsvinder.

Mig: *Du føler måske, at du smider din egen tid ud?*

Min klient: *Ja, det gør jeg også. Det, der har bragt mig her til udsmidningstidspunktet, er, at jeg har erkendt, at der er et misforhold mellem, hvor meget jeg får ind og hvor meget jeg smider ud, og sådan har jeg haft det hele mit liv, så nu bliver jeg nødt til at gøre det.*

Dag 2

Efter 5½ timers arbejde og oprydning i nogle 'hårde' kasser, som indeholder barndoms- og ungdomsminder, er min klient følelsesmæssigt udmattet. Det er ikke bare at rense en tagrende. Det er noget personligt, han har gennemgået, og en af de væsentlige grunde til at folk ikke rydder op. Man skal igennem ting, som man har lagt bag sig.

Mig: *Når du gennemgår ting nu, så har jeg lagt mærke til, at du hænger fast, når kustoden kommer op i dig. Hvad ville du have gjort anderledes, hvis du ville have vidst, at du var havnet dér, hvor du er i dag?*

Min klient: Det ved jeg faktisk ikke. Men jeg har indset, er, at der er ikke noget 'til senere'. Alt det, jeg har lagt til side i disse år, er grunden til, at jeg står med hovedet i papkasser nu. For eksempel følelsen „denne her ting vil jeg nok synes er fed en gang i fremtiden". Nej, for pokker, det er nu! Når jeg kigger på alle de små opfindelser, jeg har lavet oplæg til, hvor nogle er rent faktisk blevet lavet af andre senere hen, så jeg skulle have gjort noget ved ideen, da jeg fik den. Lektionen er ikke at arkivere ideen til senere. Det er at føre den ud i livet nu, eller helt at lade være. Projekter skal ikke udsættes til senere. Den der gemmer til natten, gemmer ikke til katten… han gemmer til at stå med hovedet i en papkasse.

Ville jeg have gjort det anderledes i dag? Ja, det ville jeg. Især er jeg blevet opmærksom på dette her inflow og outflow af ting. Fra nu af bliver jeg helt logisk nødt til at smide lige så meget ud, som jeg tager ind. Jeg har lige opdaget, at 'at smide ud' drejer sig ikke kun om ting, men også om papirer, noter, hilsner, lykønskningskort, eller den der stil, jeg skrev.

Alle mennesker er kloge på oprydninger, men når det kommer til stykket, kan de ikke selv. Der skal hjælp til. De kan ikke rent praktisk og faktisk.

Dag 3

Min klient: Det har været en god dag. Jeg har smidt noget ud ud, som fik min indre arkivar til at græde snot, men på den anden side – hvad skal jeg bruge dem til?

Mig: Du har ikke rigtig reageret på de 'svære' kasser i dag. Hvordan kan det være? I går var du ved at falde besvimet om, når du så den slags kasser. I dag tog du bare fat, og det gik flydende.

Min klient: Jeg synes faktisk, at det var mere besværligt end i går. Den indre kamp er den samme, men nu har jeg været igennem den nu, og jeg ved, hvad den ender med, så jeg behøver ikke at gøre mig de samme overvejelser igen. Resultatet bliver det samme. Jeg kan godt se, at sådan som jeg gør det, virker det ikke. Jeg får det ikke sat i stand, og jeg har ikke uendelige kælderrum, og fremfor alt ønsker jeg ikke uendelige kælderrum! Det, der er vigtig, er ikke det, der var der. Det er det, der er der nu, og som påvirker i morgen. Ikke det der skete i går. Så den impuls virker ikke. Den er usund, fordi man ikke kommer videre. Desuden er den klam, for tingene går til grunde. Ting, som rent faktisk er noget værd, er fedtet ind i ting, som ikke har nogen værdi og bliver beskidte, fugtige og støvede.

Er jeg glad for det her? (oprydningen) Ja, for f..... er jeg glad for det, og det er da en sejr, hver gang der er en kasse, der er tom. Og det er lidt grrr, når jeg skal fylde en igen (fordi nogle ting skal pakkes ned igen), selvom det drejer sig om de kasser, hvor de gode ting skal bo i nu.

Mig: Så nu skal du bagefter til at dyrke en contra til arkivaren? Hvad skal han så være?

Min klient: Han skal være god til at organisere.

Dag 4

Kl. 19.42 – vi har arbejdet ca. 7,5 time.

Min klient: Det har været en rigtig god dag. Vi har fået fat i den sidste halvdel af kasserne, 44 stk. Men det har vekslet mellem vildt svære kasser og nogle meget lette. De sværeste er skoleting. Også fordi det, jeg laver i dag, er så fjernt fra, hvad jeg lavede i skolen. Jeg har gået og summet lidt med, hvorfor det var så svært, men det er nok, fordi det, jeg var så flittig med i skolen, eksisterer kun i kasserne. Jeg har ikke bygget videre på det. Fem års arbejde er reduceret til, hvad der ligger i de kasser dér. Sådan er det selvfølgelig for alle, der går i skole, men for mig er det endnu mere, fordi jeg slet ikke bruger det.

Mig: Du har helt skiftet fagligt spor?

Min klient: Ja, det har jeg. Men det ændrer ikke på, at de opgaver, jeg har dér, er svære at sige farvel til, fordi jeg er sådan set ret stolt af at have kunnet gøre det en gang, og det kan jeg ikke mere, og jeg har sådan set ikke noget at vise for det, andet end at hive et par opgaver op. Men der ligger noget stolthed der.

Det er en ting, men så har resten af oprydningen sådan set accelereret lidt, for nu er det blevet rutine. Min store skræk nu er, at jeg faktisk har mange kasser, og jeg har allerede hørt bemærkningen fra dig, at det kan ikke være i min kælder, sådan som jeg gerne vil have det, men det skal vi i gang med, og jeg håber, at det kaster lidt lys over, hvordan det kommer til at se ud, og hvor problemet reelt er. Men grovsorteringen er gjort, og det er s.. en rar fornemmelse, men jeg tror, at det kan blive langt bedre.

Mig: Hvis du skal opsummere denne dag? Hårdere, bedre, anderledes?

Min klient: Starten var virkelig hård, men jeg er meget, meget lettet nu, for alt er ude i det åbne nu.

Dag 5

Min klient: Det er virkelig rart, at der ikke ligger overraskelser nu. Alt er set igennem. Der kommer ikke nogen ting, hvor jeg tænker „Oh, f...", det bliver svært". Alt er gennemgået. Det vil sige, at jeg har et førstehåndsindtryk af de værste indsatsområder. Jeg har et førstehåndsindtryk af landskabet af ting, af rod, som jo ikke er så meget rod nu. Det er gået fra at være ukendt rod til at være kendte mængder af stof, der skal prioriteres, sorteres og organiseres – og sorteres yderligere.

Dag 6

Min klient: Det er sent. Vi har lige ryddet alt det, der skal smides ud, ud på traileren. Det blev til 22 flyttekasser. Det er en stor sejr. Det her er den del, jeg har glædet mig til. Hvor skidt sorteres fra kanel. Nu er skidtet sorteret fra.

Jeg vil så sige, at i går aftes, da jeg kom hjem – hold da k..., hvor var jeg træt. Det er altså noget, der tager på en. Det er ikke bare træthed. Det er total følelsesmæssig træthed. At gå igennem hver eneste lille del af ens barndom, springe fra barndom til tidlig ungdom, til for 2 år siden. Det er simpelthen svært. Men der ligger 22 kasser bag i traileren, og der kommer flere til. Kasser, der skal gå til genbrug og gives væk på anden måde. Så halvdelen af tingene er gået nu – på forhånd. Med den orden vi har opnået nu, kunne vi rykke cirkuset op nu og sige: Fint nok. Det er er kæmpeskridt. Men det kan blive bedre. Det er stadig kun halvvejs. Jeg vil videre.

Mig: Du har nævnt ordet fravalg?

Min klient: Det er rigtigt. Der er tale om fravalg. I dag laver vi tusind ting, arbejdstitler glider sammen, man er sin egen herre og skal lede det hele selv. Pointen med det her er, at man kommer uvilkårligt hen til, at den identitet, man skaber med det, man laver, er blevet meget bredere end tidligere. Så der er også identitet i det i kælderen.

Der er 2 ting, der for mig er svære, og det er noget, jeg skal være opmærksom på. Jeg er som sagt tingenes vogter. Jeg har været rigtig god til at få fat i disse rigtig-gode-til-at-synes-om-ting, og det andet er de ting, jeg selv har lagt værdi i på et tidspunkt, som er identitetsskabende, noget åh-jeg-må-ikke-miste, eller noget som nogen jeg holder/holdt af, har lavet. Jeg ved godt, at jeg ikke gør nogen fortræd, når jeg smider en lerfigur ud. Men fortæl det til den anden del af min hjerne, der siger præcis det modsatte. Jeg ved også godt, at denne gamle bog er blevet klam og mølædt. Det forhindrer mig ikke i at synes, at den er fantastisk, for det var den på det tidspunkt, så selvfølgelig skal jeg ikke smide den ud. Det er de sværeste varianter. Jeg er begyndt at genkende problemet nu, men det gør ikke processen mindre hård. Jeg skal aldrig have en sød skulptur indenfor mine døre mere. Ikke mere 'hvor er den sød' eller lignende.

Dag 7

Min klient: *I dag var dagen efter den første store grovsortering, og det var fantastisk at slippe af med den trailer fuld af forskellige ting og sager. Hvordan det føles lige nu? Lige nu er jeg bare træt. Fysisk træt. Jeg er brugt.*

Det var imponerende at se, hvordan min kone sorterede vores fælles ting med ja, ja, ja, nej, nej, måske, måske, til ganske få ting, eller var det helt klart bare – nej, videre. Meget imponerende at se.

Med hensyn til alle de ting, der egentlig er brugbare, har jeg det faktisk rigtig godt med at give dem til velgørenhed. Jeg kan godt lide, at tingene bliver brugt, i stedet for at sælge det tingene til latterlige priser plus at have besværet. Så vil jeg hellere give det væk. Tingene kommer i drift igen, og kan forhåbentlig skabe lidt glæde. Hvis der er nogen unger, der kan lege med noget, som jeg en gang syntes var fedt, så er det supergodt.

Dag 8

Min klient: Traileren var en stor succes, men at se at jeg stadig har ca. 30 kasser, det har skræmt mig lidt. Vi sigtede jo efter 10. Det bliver det nok ikke, men jeg ville gerne tættere på det.

Mig: Nu bliver jeg lige nødt til at indskyde, at de kasser, du har valgt, er mindre end de flyttekasser, du havde, fordi du ville have, at de skulle være lette at håndtere i kælderen, og du har bl.a. meget computerudstyr, hvor der kun kan være én ting i en kasse. Du har også en masse godt værktøj, som det ville være dumt at smide ud.

Min klient: Det er selvfølgelig rigtigt, og støjen væk. En ting, der virkelig gjorde en masse for mig, var grovsorteringen. At det, der skal gå til velgørenhed blev sorteret fra. Det er overskueligt. Det er rart. Det gør det hele ret pragmatisk.

Jeg har 7 kasser med tegneserier! Det er nok det, jeg har, der fylder mest. Det er blevet meget pragmatisk nu, hvor jeg kan se, hvor meget der er. Jeg har så mange kasser af dét, og så mange kasser af dét. Det kan ses grafisk i hovedet nu. Det er godt at kunne sige, at i den kasse kan jeg finde 'det-og-det', og det er ikke spredt ud over 15 kasser. Stor ting! Det er jo ønskescenariet for, hvordan det skal se ud bagefter.

Dag 9

Min klient: I dag har vi arbejdet i den kælder, hvor de sorterede kasser skal tilbage i, og vi fandt nogle gode løsninger. Det viste sig, at der kunne smides en hel del ting af de ting, der stod tilbage, ud, og nu hvor jeg er i denne smid-ud-fase, så kan jeg godt skelne skidt fra kanel. Jeg bliver bedre til at skelne mellem, hvad der bare skal ud, og hvad der er noget ægte. Hvad er unikt. Hvad er praktisk. Et havebord er praktisk. En sovepose er praktisk. Det ville man gå ud og købe igen, hvis man ikke havde det. Men det betyder ikke, at jeg skal have 15 soveposer.

Nu er der en tom væg parat til de kasser, der kommer tilbage. Det er rart, så kan jeg få opfyldt den drøm, jeg havde om at kunne se alt og komme til alt dernede. Der er plads til 24 kasser, hvilket er en fjerdedel af, hvad jeg kom ud med. Desuden er kasserne mindre og mere håndterbare, så det bliver nok noget svarende til 12 – 15 flyttekasser.

Mig: du sagde for mindre en en halv time siden, at det var muligt, at du ville koge det yderligere ned?

Min klient: Helt sikkert! Nu har jeg fået blod på tanden. Der er nogen mulighed for at koge nogle ting mere ned. Man kan dog godt blive lidt hæmmet af formatet på kasser, fordi jeg har valgt små kasser. Det gør, at kasseantallet bliver lidt højere, end jeg havde håbet på. Klart lettere at håndere, men det irriterer mig alligevel.

Dag 10

Dag næstsidst! Vi har været her i 9 timer og 55 min i et stræk. Min klient har virkelig fået blod på tanden.

Mig: Vi troede, at det ville blive lettere, og nu er du helt frivilligt gået i gang med en fin-sortering!

Min klient: Det var også her, at jeg føler, at det er nødvendigt, fordi der kommer ikke noget andet tidspunkt, hvor jeg vil gøre det på. Vi har taget de store slag, og nu er det alle de små ting. Vi kommer ned på, at vi vil gerne lukke denne kasse nu, men der er for meget i, og så må man gennemgå det hele i den åndssvage kasse igen. Det har taget tid. Jeg ville jo gerne ned på en tiendel, og det var måske noget lidt urealistisk, hvilket jo ville være 9 kasser ud af 88. Også i betragtning af at jeg har en tegneseriesamling på 7 kasser plus meget musik- og teknik-udstyr. Værktøjet skal også op til overvejelse igen.

Mig: *Kunne du få lyst til at gøre noget ved sådan en kasse en dag, hvor du står og roder rundt i den?*

Min klient: Helt sikkert! Den stiløvelse med at gå julekassen igennem i går. Nåh ja, måske var jule-Hulken fra kontoret ikke den fedeste juledekoration! Det har været detaljernes dag. Men vi kunne ikke have været foruden i dag.

Mig: *Det må man sige. du har ryddet 33 units med en anslået vægt på ca. 7 – 8 kg. Det vil sige, at du har afhændet ca. 240-260 kg. Og det er kun til udsmidning. Det er virkelig meget! Og her medregnes ikke det, der skal til genbrug. Det er et flot resultat.*

Dag 11 – Sidste dag

Min klient: Jeg har det godt. Jeg skal lige opdage, hvad der er sket. Nu skal jeg til at opdage alle fordelene. Jeg har i kraft af mine gemmetendenser haft en kamp, hver eneste gang jeg har fjernet noget. Så er det en lettelse. Og nu er det så overstået. Det kunne alt sammen være i kælderen. Der er en ret imponerende opstilling.

Hvordan jeg har det? Jeg skal til at lære, hvordan jeg har det. Jeg skal til at bruge rod på en anden måde. Tage stilling med det samme. Jeg er også blevet opmærksom på nogle skrivebordsbunker hjemme, som jeg skal have gjort noget ved. Det er bunker, som jeg tidligere har set på, tænkt 'arrrgh!' og proppet i en kasse, fordi så var der jo pænt igen. Jeg kan godt lidt at have det pænt. Men jeg skal holde op med at proppe tingene i kasser, som jeg skulle 'gøre noget ved' senere. Men senere bliver som tidligere sagt det samme som at stå og bande over det i et kælderrum. Jeg har lært at genkende vanerne. Jeg kan genkende systemet.

Mig: *Er der en sejr i det?*

Min klient: Jeg ville ønske, at jeg kunne sige 'Jaaaa! Sejr!' og det kommer jeg også nok til, men lige nu er det 'Jaaa, Overstået', og de kasser, jeg har nu, indeholder noget, der er af værdi for mig. Noget brugbart.

Mig: *Du har hele tiden haft orden i din lejlighed, og nu er der også orden i din kælder. Så du har ikke rod i livet mere.*

Min klient: Ja, det er rigtigt. Det, som denne oprydning helt klart har bidraget til, er at få styrket min stålsathed omkring, at der ikke skal nye ting ind i lejligheden. Fordi det er den måde, jeg skal tackle det på. Hvis det først er kommet ind, så kommer jeg til at kæmpe mod ikke at bevare det for enhver pris. Jeg har lært, at jeg har en irrationel følelse i mig, der gør, at jeg er sindssygt god til at tage den nemme løsning og stable ting ovenpå hinanden. At jeg er æstetiker har forhindret, at jeg kunne været blevet en hoarder. Der er kun selvkritik, der har gjort, at jeg ikke er blevet det. Men jeg har helt klart et hoarder-gen.

Der er et eller andet ved at få det hele kogt ned som en sovs. Man behøver ikke 50 liter sovs, måske ville en lille smule fond være bedre. At få tingene krystalliseret ned, så man har det bedste af krystallerne.

Mig: *Har du mere at sige?*

Min klient: Ja, tusind tak. Det har været en stor ting for mig. Jeg har fået et liv, hvor det, der er under mig (i kælderen), ikke er en losseplads, og jeg har fået afdækket en mekanisme.

Ryd dig op

Efterspil

Min klient syntes, at det kunne være sjovt at indtage interviewerens plads og vende rollerne om. Han ville gerne stille mig nogen spørgsmål, og det er sjovt at erfare, at der altid dukker noget nyt op, når en ny person stiller gode spørgsmål:

Klient: *Jeg er arkivaren/kustoden/bibliotekaren/vogteren/samleren for tingenes bevarelse. Hvad er du?*

Mig: *Jeg er forenkleren!*

Klient: *Det er du nu! Men det har du jo ikke altid været?*

Mig: *Jo, det har altid ligget i mig. Jeg er blevet opdraget ind i at have mange ting er godt.*

Klient: *Så er der jo der, problemet opstod. Så hvad hedder dit problem så?*

Mig: Dårlig samvittighed. Jeg ville ikke gøre min nogen ked af det, så jeg begyndte først at rydde op, da jeg blev voksen.

Klient: Du var pleaseren. Kan du beskrive det lidt mere. Opdagede du det langsomt?

Mig: Jeg husker det, som om det kom som et drøn. Men jeg har nogle barndomsminder om, at jeg ønskede, at jeg havde mindre (se kapitlet: Et barndomsminde). Hvis jeg havde haft mindre, er jeg sikker på, at jeg ville sat større pris på mine ejendele, så jeg har været en camoufleret minimalist hele mit liv. Skabs-minimalist.

Klient: Reaktionen på det er, at du vil det modsatte. Du vil gerne være minimalist, fordi det er den eneste måde du kan finde ud af, hvem du selv er.

Mig: Ja, men måske ikke kun det. Jeg har svært ved at sprede mig. Jeg kan ikke holde af en samling på 500 af noget som helst. Det støjer for meget. Jeg kan holde af en samling på 2.

Klient: Du er blevet anti-samler.

Mig: Hvis man får påtrykt en andens værdier, så reagerer man modsat. Jeg er blevet opdraget til at være samler, og at 'meget' er godt, så reagerede jeg med modtryk ved at blive anti-samler. Så for at finde mig selv, måtte jeg gå i den modsatte boldgade. Jeg har tænkt tanken: Hvis mit hjem brændte, og alt levende var reddet ud, hvad ville så være den første ting, jeg greb?

Klient: Den sjove ting her er, at det er jo en helt klar reaktion. Ikke hvad du ville redde, men at du 'brænder dit hus ned'. Du renser ud.

Mig: Nu er jeg faktisk et af de få mennesker, der har oplevet 2 familier i min omgangskreds, der har mistet alt i ildebrande. Så kommer de tanker automatisk.

Klient: *Det har hægtet sig godt fast i dig. I dit hoved destruerer du alt det, der ikke er dig og starter forfra. Så er du ikke påduttet noget. Så kan du finde dig selv.*

Mig: *Den tanke har jeg tænkt færdig, og ved du, hvad min største frygt er? At jeg aldrig ville købe noget mere. At jeg ville leve midt i min seng med en gammel ølkasse til 'alle' mine ting.*

Klient: *Nu bliver Freud eller Jung glad (latter). Du vil have så lidt som muligt, fordi du blev påduttet så meget.*

Mig: *Jamen, jeg kræver til gengæld, at mine få ting er personlige og af god kvalitet.*

Klient: *Selvfølgelig. Tingene, der skal udtrykke, hvem du er, skal være de bedste.*

Mig: *De skal i hvert fald de mest personlige. Ikke nødvendigvis de dyreste.*

Her er interviewet mellem samleren/vogteren og forenkleren/ skabs-minimalisten slut.

 Ryd dig op

Så langt – så godt

Så – nu har du fået ryddet op i din 'fysiske' verden!

Nå, måske ikke endnu.

Men jeg bliver alligevel nødt til at tage den en tak videre. For da jeg var færdig med mit hjem og mine ejendele, blev jeg så ulideligt overskudsagtig, at jeg begyndte at kigge på, hvad der ellers ikke helt fungere i min verden, og økonomien var værd at se på.

Jeg havde selv på grund af min oprydning fået ændret mine indkøbsvaner. Jeg købte ikke flere nipsting eller tøj, som ikke passede ind i min garderobe, men jeg havde stadig svært ved at definere, hvad mine penge egentlig gik til.

Så jeg måtte i gang igen, og denne gang gik det hurtigere at finde retningen. Jeg havde allerede blod på tanden.

Økonomi

Må jeg starte med at stille et ufint spørgemål:

Er det virkelig dine egne penge, du bruger?

For hvis du er en af dem, der lever for mere end det, du tjener, skal jeg fortælle dig, at økonomi – det er det letteste i verden!

Du skal bruge 3 søm!

Søm 1 – hæng indtægten op

Søm 2 – hæng alle faste udgifter op

Søm 3 – træk de 2 beløb fra hinanden og – vupti – du har beløbet, som du kan smide om dig, som du har lyst, indtil næste lønudbetaling!!

Så enkelt er det!

Metoden er skudsikker, og den vil gøre det helt klart, at man ikke kan bo i en strandvejsvilla på en indtægt, der svarer til en SU!

Spøg til side. De fleste af os kunne godt tænke os flere penge. Penge giver frihed og sikkerhed. Jeg tror, at det er korrekt til et vist punkt. At være Joakim von And-rig har ingen værdi. Han ligger på sine penge i pengetanken og under ikke sig selv eller andre noget, men hvis det kan give glæde, så fint med mig. Jeg tror på, at penge er energi. Hvis jeg sparer op uden mål, så er der ingen energi i mine penge, men hvis jeg har et mål, så er der energi. De bliver sparet op til brug, gavn og glæde.

Drømmen er ofte at have nok. Men hvad er nok? For mig er det at have til dagligdagen, til ferie, gaver, pænt tøj osv. Men det er jo ikke uoverkommeligt. Heller ikke med en ganske almindelig løn. Jeg har faktisk ikke behov for mere end det. Har jeg aldrig drømt om den store villa på Strandvejen, med en Mercedes i garagen og båden ved vandet? Nej, det har jeg faktisk ikke, for jeg gider ikke passe og være afhængig af så mange ting.

Den kvikke læser vil nu sige:

Jamen, hvis du var rig, så ville du jo have folk til det.

Ja, men hvis jeg havde, så skulle jeg jo passe de mennesker, der passer mine ting. Jeg vil meget hellere have friheden og bruge mine penge på oplevelser.

Den kvikke læser: Jamen, det kunne du jo også gøre. Ja, men – og her kommer noget meget vigtigt for mig – hvis jeg var så hovedrig, at jeg bare kunne gøre, som det passede mig, ville jeg ikke have forventningens glæde! Forventningens glæde over at spare op til ting jeg ønsker mig, samtidig med at jeg har tid til at gå og granske, om det virkelig er den ting, jeg ønsker mig. Pladder-romantik? Det er der sikkert en del mennesker, der vil mene, men den erfaring, som jeg beskriver nedenfor, vendte hele mit billede af, at være økonomisk fri – og den er en af de historier, der får min bedste veninde til at dø af grin og sige „...ligesom dengang med dit armbånd..." :

> For en del år siden havde jeg forelsket mig i et bestemt guldarmbånd. Det kostede temmelig mange penge for at sige det mildt, men jeg måtte bare eje det. Jeg startede en opsparing, og jeg stræbte efter at købe så billigt som muligt, hvor det kunne lade sig gøre og undgik impuls-indkøb, og så jeg sparede på alt, hvor det var muligt, bortset fra mad og ting til familien.
> Da jeg nåede målet – efter næsten 3 års opsparing!! – gik jeg til guldsmeden og bad om at få lov til at prøve det. Præcis i det øjeblik da jeg sad armbåndet på – det armbånd, som jeg havde drømt om og sparet op til i 3 år – vidste jeg, at jeg ikke ønskede det mere. Jeg havde helt klart ønsket det fra start, men derefter var det

gået over til at være selve opsparingen, der blev målet. Jeg købte det ikke, og jeg var meget, meget glad, da jeg gik hjem. Der var intet anti-klimaks over det, for det er en af de bedste økonomiske erfaringer, jeg nogensinde har haft. Det var præcis dér, jeg blev klar over, at jeg kunne, hvad jeg ville, hvis jeg ville betale prisen. Her havde jeg betalt prisen, som var, at jeg havde undladt at købe 'underholdende' ting til mig selv over meget lang tid, og at jeg havde holdt ud. Jeg havde nået målet. Jeg kunne!

En medfølgende oplevelse var, at vejen dertil ikke var kedelig og trang, men faktisk ret spændende på den sportsagtige måde. Det var sjovt at forfølge et mål, og det var endnu mere sjovt at nå det, selvom jeg senere opdagede, at jeg havde ændret kurs undervejs uden at ændret målet. Her blev kursen først ændret til slut, og det lærte mig at standse op undervejs mod et mål og spørge mig selv, om jeg er på rette vej, eller om mine ønsker og behov har ændret sig.

Jeg og min søn tog til Paris i en uge, og da jeg kom hjem, havde jeg stadig penge på kontoen. Jeg opdagede, at jeg til enhver tid hellere vil have en god oplevelse med mennesker, jeg elsker, end jeg vil have en ting.

Nogle betragtninger

I TV3's udsendelse „Luksusfælden" har jeg opdaget et gennemgående træk. Alle par, der har købt hus og istandsat det, har næsten ens hjem. Alt er købt på én gang. Alle de hjem vil om 15 år kunne dateres som værende 15 år gamle. Tingene på væggene, møblerne, alt er i samme stil, og det er så fantasiløst. Dyrt uden nødvendigvis at være af varig kvalitet. Hvad er det, der er galt med at starte i det små eller tage det lidt ad gangen? Indstillingen er, at nu har vi lige købt hus og istandsat køkkenet for 200.000 kr., så lad os da lige sætte os i yderligere gæld og låne 150.000

kr. til og få lavet badeværelse og købe nye møbler til hele huset! Hvor er det, kæden falder af? At gøre sådan noget, når man lige har købt hus og reelt ikke aner, hvad man kommer til at sidde for, er simpelthen økonomisk dumt!

Men banken har fortalt, at man har råd – og banker er, som vi jo alle efterhånden ved, virkelig gode rådgivere (læses ironisk), så det er ingen undskyldning for ikke selv at tage stilling og regne efter.

For nogle år siden havde jeg kig på en lejlighed, som jeg gerne ville købe. Jeg gik i banken og fik lagt et budget. Jeg havde i overraskende grad råd til at købe hus! Jeg havde faktisk ingen problemer, sagde bankdamen, der stillede spørgsmål og tastede tal ind i et budget-skema. Da jeg kom hjem, satte jeg mig og granskede det. Der var ganske rigtigt beregnet diverse faste udgifter til varme, forsikringer, lys osv., nogle helt korrekte, andre anslåede. Men der var ikke taget hensyn til vedligeholdelse af lejligheden. Der var heller ikke lagt et beløb ind til bilreparationer, tandlægebesøg, ferier, fitness-center, tøj og sko, penge til at gå i biffen og teater og alt det andet, der hører med til et liv, og som jeg sætter pris på og får mig til at føle, at jeg får noget godt ud af min løn.

Jeg startede selv forfra. Bl.a. forhøjede jeg varmen, for den var lavere end den, jeg betalte i min nuværende meget mindre lejlighed. Så lagde jeg de beløb ind, som er nævnt ovenfor. Og lidt til opsparing til større ting og uforudsete udgifter. Der var heller ikke beregnet til flytning og et beløb til diverse dimser og dutter, som man får brug for ved en flytning, eller at jeg skulle bruge penge til at istandsætte den lejlighed, som jeg ville flytte fra.

Men set helt nøgternt – det var heller ikke bank-damens ansvar. **Det var mit**. Så da jeg fik regnet på det hele, skulle jeg som det første låne ca. 50.000 kr. mere end først beregnet til alle engangs-udgifterne, og når jeg regnede alle de ting med, som jeg satte pris på min hverdag, var der 1.000 kr. til kost om måneden – når jeg strammede den. Der var ingen elastik i det budget, hvis der skete noget uventet. Det var en rigtig god øvelse.

Et lån er et lån uanset hvad. Det koster noget på den ene eller anden måde. Rente- og afdragsfrit lån eller ej. Bankerne giver ikke noget væk. For hvert lån i banken, kontokortkæden eller på anden vis får man mere gæld. Det burde ikke være nødvendigt at skrive, men det er det! Man er bundet! Når du har lånt en million, har du en million i gæld.

Det undrer mig sommetider, hvorfor alle mennesker vil eje deres bolig. Tidligere var det fuldt forståeligt. En gang var et huskøb var en investering, hvor det økonomiske system var strikket sammen, så man over tid skulle betale ned til at skylde 0 kr., og at huset var ens eget helt og aldeles, så man bare sad med vedligeholdelse, varme, lys og lign., når man blev gammel. Desuden var den økonomiske situation en anden end i dag. Når man købte hus, sagde man, at 'man skulle spise vandgrød i et par år', så blev økonomien bedre, hvilket lå i, at når man havde udbetalt et pantebrev, faldt ydelsen og gav ekstra luft. I dag er der ikke ret mange mennesker, der har nogle som helst tanker om at betale gælden på deres hus ud, så reelt er de hus-lejere, og udlejeren er kreditforeningen!

Lyder det, som om jeg er fortaler for at leje? Det er jeg ikke, jeg er helt neutral. Jeg synes bare, at man skal spørge sig selv, hvad man egner sig bedst til. Jep, egner sig til! Fordi det er ikke alle, der egner sig til at have naboer tæt på i en lejlighed, og ikke alle egner sig til at have pligter som at rense tagrender og slå græs i et hus.

Jeg har ikke lyst til alle pligterne eller bekymringerne. Jeg vil ikke at bekymre mig om det gamle tag, kloakeringen eller det nye oliefyr. Jeg er ikke særlig handy, og der er ting, jeg hellere vil. Men der er da helt klart en charme ved at nusle rundt i sin egen have og grille på sin egen plæne. Jeg foretrækker bare at gå ned på den nyslåede græsplæne og grille sammen med de andre henne ved fællesgrillen.

Lejlighed eller hus, det kommer ud på ét, men det er vigtigt at spørge sig selv, hvor man er bedst egnet til at bo og lade det afgøre, hvilket boligform man vælger. Der er fordele og ulemper. Det ene er ikke finere end det andet. Det er bare 2 forskellige måder at leve på.

Alt for mange mennesker køber dyre huse uden at have forstand på økonomien i det, uden at have rådført sig med mennesker, der vil os det godt og har forstand på det, og uden at købe uvildig rådgivning. Men det kan være penge givet rigtig godt ud. Så er du i tvivl, så søg hjælp, men ikke dér hvor du skal låne pengene. Jeg siger ikke, at de er uærlige, men de er ikke uvildige.

Så hvis du vil have Strandvejsvillaen, og du ikke har råd nu, så må du gå ud og gøre noget ved det. For det er ikke gratis. Så må du tjene flere penge. Det er nemlig det, det drejer sig om. At man skal være parat er at betale prisen, både i kroner og ører og i indsats, for at få hvad man ønsker sig. At låne sig frem holder ikke i længden. Hvis du ikke vil yde det ekstra, så må du nøjes med det du har – Du læste rigtigt. Det her er ikke for sjov. Du skal ikke forvente at kunne leve over evne og tro, at der er nogen, der kommer og samler dig op, hvis det går galt. Så enkelt er det.

Du skal aldrig gøre sit hjem til noget midlertidigt. Det skaber kun utilfredshed. Man bor et sted her og nu, og har man ikke økonomi eller mulighed til at bo, som man gerne vil lige nu, skal man gøre det bedste ud af det, man har. Fordi alt ikke er optimalt, kan man sagtens skabe noget godt. Man kan arbejde på at opbygge en base af gode ting, som man kan tage med sig, hvis/når man får mulighed for at flytte til noget bedre. Man skal gøre sig umage for at bo så pænt og funktionelt som muligt. Et hjem er ikke nogle vægge. Det er, hvad man putter indenfor de vægge.

Test, om du har råd til ønskehuset

Hvis du nu går og drømmer om at købe hus eller en lejlighed, kan du meget let teste, om du har råd:

1 Find et hus, du kunne tænke dig at købe. Det skal ligge, hvor du ønsker dig at bo, være så stort som du ønsker dig osv, så det i alt svarer til, hvad du gerne vil have, og få en opstilling med hjem

2 Lav et overslag over, hvad det koster at bo der, og husk at lægge ejendomsskatter, vedligeholdelse, de ekstra forsikringer, afgifter til varme, vand og renovation til.

3 Tag så differencen mellem det beløb du betaler i husleje nu og det beløb, som du skulle betale, hvis du boede i ønske-huset og sæt beløbet i banken hver måned i 1 år.

Hvis du kan klare det, så har du råd! Du får et helt realistisk billede af, hvad du har til overs at leve for, og samtidig har du startet en opsparing, som du – hvis du er virkelig smart – fortsætter, indtil du har til udbetalingen og omkostningerne til alle udgifter forbundet med købet. Så let er det!

For at få en endnu bedre indblik i dit forbrug og din levevis kan du samtidig gøre følgende:

Saml alle kvitteringer i en måned og læg dem i en kasse, til måneden er slut. Det skal gælde alle indkøb, incl. den søde lille halskæde, den franske hotdog, cocio'en og de nye alufælge. Alle, der har tilgang til den fælles kassebeholdning, skal gøre dette. Derefter lægger du kvitteringerne i bunker, der evt. inddeles i

kost/rengøring

tøj

personlig pleje (kosmetik, after shave, behandlinger, frisør)

transport

blade/magasiner/tips/lotto
= kiosk-varer

gaver

fornøjelser og snold (spise ud, bio/ teater-tur o.s.v.)

diverse.

Hvis diverse-bunken bliver for stor, er det fordi du har en 'vane'-udgift, som ikke indgår i kolonnerne ovenfor, men du ved sikkert godt selv, hvad det så drejer sig om, og den må du så lave en speciel kolonne til.

Regningerne skal omfatte alle de ting, som ikke er indsat i budgetskemaet = de faste udgifter.

Regn hver gruppe sammen for sig og se, hvor den store belastning ligger. Ligger der et 'skjult' special-forbrug, vil det blive meget klart. F.eks. vil en flaske rødvin 2 gange om ugen koste ca. 4.000 kr. om året! Og det er ikke årgangs-vin.

Fest og farver

Ferie er superdejligt, men det er faktisk ikke en menneskeret at komme til udlandet hvert år, flere gange om året.

Det er retsligt bestemt, at vi har krav på ferie fra arbejdet, men ikke at det indebærer at rejse.

Det er der dog mange, der mener og derfor er der en del, der er villige til at sætte sig i gæld for at gøre det! De tager et lån, før de tager på ferie, udelukkende til at rejse for! Det er en rigtig, rigtig dårlig ide, for hvor sjovt er det at betale af på noget, som er overstået! Væk! Man kan ikke se det, og når der er gået et par dage, kan man heller ikke føle det. Ferie er udelukkende en øjebliksfornøjelse.

Der er nogen, der nu vil påstå, at det er godt at komme væk hjemmefra! At se og opleve noget nyt. Det kan det være, men ofte er 'at komme hjemmefra' et spørgsmål om at gøre noget anderledes, og det behøver man ikke at flyve tusindvis af km for at gøre. Når vi nu skal være helt ærlige, er en ubetalt ferie ikke helt ustressende – når den ligger som en gæld og venter på en derhjemme.

Det er ikke dyrere at holde ferie hjemme end i udlandet. Når man er hjemme, kan det godt være, at en tur ud i det blå vil koste mere madmæssigt, end det ville have gjort i udlandet, men der er efterhånden rigtig mange turistlande, der har samme økonomiske niveau som Danmark. Når man rejser, bliver man økonomisk impulsiv og køber ting, man senere ikke fatter, hvorfor man købte, og som man aldrig ville have købt hjemme. Vi ved, hvad tingene koster her, så der er ingen overraskelser, og hvis man f.eks. vil på stranden, kan man selv tage mad med. Der er mange penge sparet, og ungerne får mad, de kan lide. Ferie er for mange børn en tid, som de har sammen med deres (forhåbentlig ustressede) forældre, og det drejer sig ikke om at være 'væk'.

Bryllupper bliver tit finansieret lån. Fester til 50.000 kr. og opefter en ikke noget særsyn – men hvorfor? Fordi et bryllup er en 'once-in-a-lifetime'-begivenhed? Tja, for sådan ca. halvdelen af os for at være meget kynisk. Der bliver focuseret på detaljer, som betales i dyre domme, og dyre domme har aldrig – aldrig nogensinde – skabt en god fest. Måske en imponerende fest, men ikke en god fest. For den kommer med hjertet, ikke med pengepungen. Man kan arrangere nok så meget, men man kan ikke købe feststemningen. Ingen flotte omsvøb ikke kompensere her. Alene tanken om, at man i løbet af én dag spenderer et beløb, som svarer til noget, der ligner udbetalingen på et mindre hus, er fuldstændig vanvittig. Uanset argumentet.

Det burde dreje sig mere om at sige ja end om at bespise 100 mennesker med 6 retter og stor kage. Jeg er bestemt ikke u-romantisk, men hvis romantikken i hverdagen bagefter skal lide under økonomisk tranghed, tror jeg nok, at jeg vil vælge et mere ydmygt bryllup på festdagen og freden i hverdagen. Jeg er sikker på, at det gamle ordsprog „Når kryppen er tom, bides hestene" er sand. Det er ingen hemmelighed, at rigtig mange skænderier drejer sig om penge.

Man kunne også vælge en helt anden fremgangsmåde og bede om hjælp til at holde en fest. Spørge familien om, hvem der kender en, der er god til at binde en buket, hvem der har tilgang til billige, gode lokaler, og hvis det er et bryllup, hvem der har en brudekjole, der hænger og keder sig. Hvem, der kender en god, ikke for dyr kok. Simpelthen undlade at ønske sig gaver, men sende meddelelse ud om, at man gerne vil se alle dem, man holder af i forbindelse med en eller anden stor dag, men at man beder om gaver i form at hjælp til at holde festen.

Kort sagt: Lad være med at låne penge til 'oplevelser'. Det er det ikke værd! Når oplevelsen er slut, står man med en – forhåbentlig – god oplevelse, som garanteret ville have været så meget bedre, hvis du ikke skal til at betale gildet, når det er overstået, og det er blevet hverdag. Så gør en sport ud af det. Læg en økonomisk plan, hold fast og nyd turen! – men husk at justere kursen undervejs! Så sæt dit forbrug efter din indtjening. Man sover så meget bedre ved at eje færre ting – end at have ting, som man reelt ikke ejer!

> „Vi opfører os, som om komfort og luksus er det vigtigste i vores liv, når det eneste vi behøver for at være lykkelige, er at gøre noget, der gør os entusiastiske".
>
> – Charles Kingsley

Budget-skema

Budget	Jan.	Feb.	Mar.	Apr.	Maj	Jun.	Jul.	Aug.	Sep.	Okt.	Nov.	Dec.	I alt
Indtægter:													
Udbetalt løn													
Udbetalt løn													
Andre indtægter													
Børnetilskud													
Boligsikring													
Indtægter i alt													
Udgifter:													
Bolig:													
Husleje													
Ejendomskat													
Olie													
El, gas													
Varme													
Boliglån – bank													
Kreditforening													
Antenneforening													
Vej & kloakgæld													
Grundejerforening													
Ejd. forsikring													
Renovation													
Befordring:													
Afdrag, bil													
Benzin													
Vægtafgift													
Forsikring													
Falck, FDM													
Vedligeholdelse													
Tog/buskort													
Opsparing:													
Pension													
Bolig m.m.													
Ferieopsparing													
Børneopsparing													
Familie:													
Livsforsikring													
Ulykkesforsikring													
Sygdomsforsikring													
Familieforsikring													
Fagforening													
Fagforening													
Daginstitution													
Internet													
Lommepenge													
Mobiltelefoner													
Motion													
Licens tv & radio													
Telefon													
Ydelser på lån													
Banklån													
Købekontrakter													
Andre lån/ydelser													
Diverse:													
Læge, tandlæge													
Husholdning													
Vask													
Fornøjelser, gaver													
Nyanskaffelser													
Lotteri, tips mv.													
Andet													
Udgifter i alt													
Startsaldo													
Slutsaldo													
Månedlig overførsel til budgetkonto													
Månedligt rådighedsbeløb													

Vedligeholdelse af økonomi

Månedligt
Der er ikke så meget arbejde i det, og det giver så meget ro! så gør det! Som skrevet i det tidligere afsnit om økonomi skal du kun bruge 3 konti:

En budgetkonto, hvor alle dine udgifter bliver trukket fra.

En opsparingskonto. Uanset, hvor lidt du kan spare, er det en god ide at have en lille stødpude til uforudsete udgifter.

En rådighedskonto, som dit Dankort eller hævekort er knyttet til. På den konto må du kun have det beløb stående, der dækker mad og daglige udgifter.

Hvis du har overtræk, så find ud af hvorfor, og læg en plan for, hvordan du nedbringer det.

Lad være med at jonglere mellem konti. Det vil sige, at du ikke gennem måneden skal overføre fra den ene konto til den anden.

Det er det månedlige check, som du skal gøre. Når du får styr på det, tager det max. en ½ time, og så har du ro resten af måneden – hvis du altså kun bruger et beløb svarende til dit rådighedsbeløb.

Årligt

Hvert år skal der laves et nyt budgetskema, se i slutningen af dette afsnit. Du har måske andre typer udgifter, men så fører ud dem på, og ydelserne skal sikkert også sættes op, for der er ingenting, der bliver billigere. Hvis der er ting, du vil anskaffe, så sæt beløbet på opsparingskontoen, så det bliver synligt, at du sparer op.

Lad være med at lukke øjnene for økonomiske problemer. Søg råd.

Gør noget ved dem, før det skrider totalt for dig.

Det er ikke nødvendigvis behageligt, men det er meget, meget vigtigt, at du føler, at du har **kontrol** med dine penge. Uanset om du har lidt eller meget. Det **giver ultimativ ro.**

Afslutning

Hvis du nu har bestemt dig for at rydde op i dit hjem og din økonomi, hvad kan det så komme til at betyde for dig? Det kan jeg af gode grunde ikke vide, men jeg kan fortælle, hvad det har betydet for mig:

At have renset ud og begyndt med så blankt et blad som muligt har været en kæmpe befrielse. Det har vendt op og ned på en masse ting. Da jeg har fået min frihed tilbage i min lejlighed, meldte trangen til at rydde mine 2 kældre sig ret hurtigt. Rodet dernede lå som en uro og baggrundsstøj. Som et knurrende uhyre i dybet. Præcis som alle mine ufuldendte projekter gjorde – indtil jeg aflivede dem.

Jeg har fået luft i hverdagen, så jeg ikke har en kæmpe bunke pligter liggende foran mig. Alene 'fornøjelsen' af at vaske gulv under min seng! Mig, der altid har hadet at vaske gulv! Nu skal der ikke flyttes 2 kasser, en støvsuger og diverse andre hengemte ting, så det tager ikke 5 minutter. Kasserne eksisterer ikke mere, og støvsugeren har fået en plads, så den er let at få fat i. Der ligger ingenting under sengen!

Veninderne må undvære at få et hjemmelavede ting til jul, og det hjemmelavede julekort får de heller ikke, men til gengæld er jeg afslappet og glad. Ønsket om at nå det hele, er erstattet med ønsket om at gøre, hvad jeg gør, ordentligt. Jeg har erkendt, at jeg ikke har al tid i verden, og jeg har bestemt, hvordan jeg vil bruge den tid, jeg har.

Det har også betydet en hel anden ting, der ikke er mindre væsentlig. Jeg har slet ikke samme lyst til at eje. Jeg gentager:

Jeg har ikke samme lyst til at eje!

Verden er fuld af smukke ting, men fordi jeg synes, at de er smukke, behøver jeg ikke mere at eje dem. Jeg kan købe dem, hvis jeg vil, for jeg ved, at jeg kan spare. Men mit hjem er smukt i mine øjne og fungerer optimalt, så jeg føler ikke trang til nyt ret ofte mere. Verden er fuld at dejlige bøger, men jeg behøver ikke at have dem allesammen stående i min reol. Jeg er blevet fri for at ønske mig ALT.

Jeg skriver også shoppeseddel, når jeg skal handle, og jeg har en anden shoppeseddel over tøj, som ligger permanent i min taske, og hvis jeg føler mig fristet, kigger jeg på den, og hvis det, jeg har forelsket mig i, ikke er på listen, så bliver den ikke købt. Til gengæld har jeg så råd til at købe, når jeg ved et tilfælde falder over noget, som passer.

Man siger, at det tager 21 dage at indøve en ny vane. Når du har ryddet op, er det vel værd at teste den teori. Vent i 21 dage med at købe ting og dimser!

Der er sket andre sjove ting hen ad vejen. Jeg har uden at tænke over det forandret mit hjem. Jeg lagde først mærke til det, da jeg så et billede taget i mit hjem fornylig. Jeg har afhændet en del ting, som jeg efter oprydningen fandt ud af, at jeg alligevel ikke ville have stående. Så flyttede jeg bare lidt om på de resterende ejendele. Jeg har uden at tænke over det 'skrabet ind til benet'. Jeg behøver mindre og mindre – men til gengæld skal det være godt! Førsteklasses! Præcis det jeg ønsker, og jeg venter gerne på det.

Fordi jeg ikke er slave af mine ting.

Fordi jeg har anskaffet gode få ting.

Fordi jeg er svær at friste med ting, der vil stække mig, og

fordi jeg har, hvad jeg behøver – i god kvalitet, og jeg behøver ikke ret meget.

Bortset fra gode mennesker i mit liv og gode oplevelser.

Jeg har ikke fået mere tid. Jeg har givet mig selv mere tid.

Der er rigtig mange mennesker, der 'iscenesætter' deres liv. De vil se ud eller virke på en bestemt måde, og du kan vælge, om du vil leve det liv, der er dit, eller du kan efterabe nogle andre. Det kommer ikke an på, hvad du har. Det kommer an på, hvad du gør med det, du har. Det er dig, der styrer. Den ægte måde at leve på er, når du vælger for dig selv.

Når du **bor**, så du føler dig **godt tilpas**.

Har det **arbejde**, der gør dig glad.

Klæder dig, så det **passer** til din person og dit liv.

Bruger de penge du har (og **ikke flere**).

Foretager dig de ting, som du **brænder** for.

Lever sammen med de **mennesker, du elsker**, og omgås dem, du sætter pris på.

Og at du gør det hele **ordentligt**.

Nogle mennesker ejer mange ting.
Andre mennesker ejer gode ting.

Og så ønsker jeg bare, at du må finde ud af, hvad der gør dig glad, og smide alt det andet overbords!

God rejse!

50 gode råd

Hvis du bare følger **et** af de nedenstående råd, vil dit liv blive lettere:

1 Børns kunstværker – find en plads til dem og fortæl barnet, at når der skal et nyt op, bliver det gamle taget ned og lagt ind i en mappe/kasse (mappen/kassen kan sorteres, uden barnets medvirken). Med andre ord lav en tradition, så barnet føler, at det er et godt ritual, og at du værdsætter talentet

2 Saml dit financielle år og smid ud, når det har ligget i 5 år – hvis du har haft lån, som er udbetalt, så gem sidste kontoudtog, der viser dette

3 Alle medlemskort lægges i en skuffe i entreen

4 Lad være med
at læse tilbudsaviser

5 Opsig alle abonnementer – især bladabonnementer.
Du får ofte ikke læst dem

6 Saml alle regninger i en måned og skriv dem ind
i emnekolonner: kost, fornøjelser, transport, tøj,
personlig pleje, medicin o.s.v. og læg dem sammen
efter månedens afslutning og se, om der er steder,
der kan strammes op og ind

7 Bøger, du ikke har lyst til at læse igen, skal gives
videre, så andre kan få fornøjelse af dem

8 Sortér dit tøj og dine sko mindst en gang om året og giv
alt, der ikke passer, væk til nogen, der har brug for det

9 Køb aldrig småting, du ikke har en specifik plan med.
Ingen har behov for nips

10 Modtag ikke aflagte ting, med mindre det er noget,
du virkelig står og mangler

11 Brug tingene, hvis de virker – elkedlen fra sidste år
kan stadig koge vand

12 Hold op med at købe opbevaringskasser. De gør dit hjem mindre, og rodet større

13 Sæt ikke noget i kælderen, fordi du ikke ved, hvad du skal stille op med det. Glæd nogen og forær det væk – eller sæt det til storskrald. Hvis det er noget værd, skal der nok være en, der finder det

14 Køb stort ind én gang om ugen

15 Køb kun det, som står på din indkøbsseddel

16 Tro på, at der altid kommer et nyt tilbud – hvis du skulle være gået glip af noget

17 Før du køber noget nyt, skal du vide, hvor du vil opbevare det

18 Hvis du køber en erstatning for noget (f.eks. et strygejern) skal du smide det gamle ud, når det nye kommer ind

19 Når du får lyst til at shoppe uden noget specifikt i tankerne, så spis et stykke chokolade i stedet.

20 Hvis du ejer to af en slags, er det ikke ensbetydende med, at du behøver at begynde at samle flere

21 Indret dig efter behov og personlighed, ikke efter trenden

22 Hold dig fra loppetorv, med mindre du søger noget specielt – og køb så kun det

23 Køb ikke ind til et projekt, hvis du ikke har tid til at lave det nu

24 En person behøver ikke mere end 3 sæt sengetøj

25 Gennemgå medicin og check udløbsdatoer. Aflever det udløbne på apoteket

26 Køb ikke mere mad, end du kan spise

27 Smid alle reklamer ud – gerne ulæste

28 Endnu lettere: Frabed dig reklamer. Du kan hente et klistermærke på posthuset

29 Smid make-up, der er mere end 3 måneder ud.

30 Stik aldrig fingrene i creme. Det bliver en bakteriebombe. Brug en spatel (kan fås i parfumerier)

31 Afskaf begrebet 'diverse' i dine papirmapper. Diverse er et andet ord for rod

32 Afskab begrebet 'must-have'. Det er noget vrøvl, marketing-folk har opfundet

33 Ryd din køkkenskabe, så du ikke skal flytte 7 ting for at finde din røreskål – og dem behøver du ikke 5 af

34 Ryd det værste væk, før du går i seng. Et rodet hus dræner energi fra morgenstunden

35 Spar op til de store ting, du ønsker dig. Det er for dyrt at låne penge, og forventnings glæde er stor

36 Hvis du endelig skal låne penge, så lån til én ting ad gangen

37 Tro på, at din smag er ok. Du behøver ikke at skifte alt ud hver sæson

38 Ryd alt væk under din seng, så sover du bedre

39 Det er ok at købe på tilbud, hvis det er noget, du normalt ville købe alligevel – med mindre det skaber et pladsproblem. Der kommer som sagt altid nye tilbud

40 Erkend, at du ikke behøver at eje alt, som du synes er pænt/flot/imponerende

41 Jo mindre du ejer, jo lettere er det at holde dit hjem pænt

42 Saml flasker og aviser i et net, så det er let at tage med ud, når du forlader dit hjem

43 Rent dynebetræk og lagen lægges sammen og puttes ind i det rene pudebetræk. Så skal du ikke lede efter sengetøj, der passer sammen

44 Køb aldrig noget, før du har checket, at du ikke allerede har noget næsten magen til

45 Afstem alle familiemedlemmers forventning til ferier, så alle får en god ferie

46 Køb ikke rejser på afbetaling. Det er surt at betale tilbage på en oplevelse, der er overstået

47 Vent med at købe de ting, du ønsker, til slutningen af måneden. Hvis der ikke er penge på kontoen har du ikke råd til det

48 Skriv ønskeseddel hele året, gennemgå den hver måned og find ud af, om du stadig ønsker dig det samme (det gør du sikkert ikke!)

49 Forær de ting, du ikke bruger, væk, så de er til gavn for nogen

50 *Citat Banksy:*
De bedste ting i livet er ikke ting.

Min blog:
ryddigop.blogspot.dk

Min website:
www.ryddigop.dk

www.ingramcontent.com/pod-product-compliance
Lightning Source LLC
Chambersburg PA
CBHW052230230426
43666CB00034B/2559